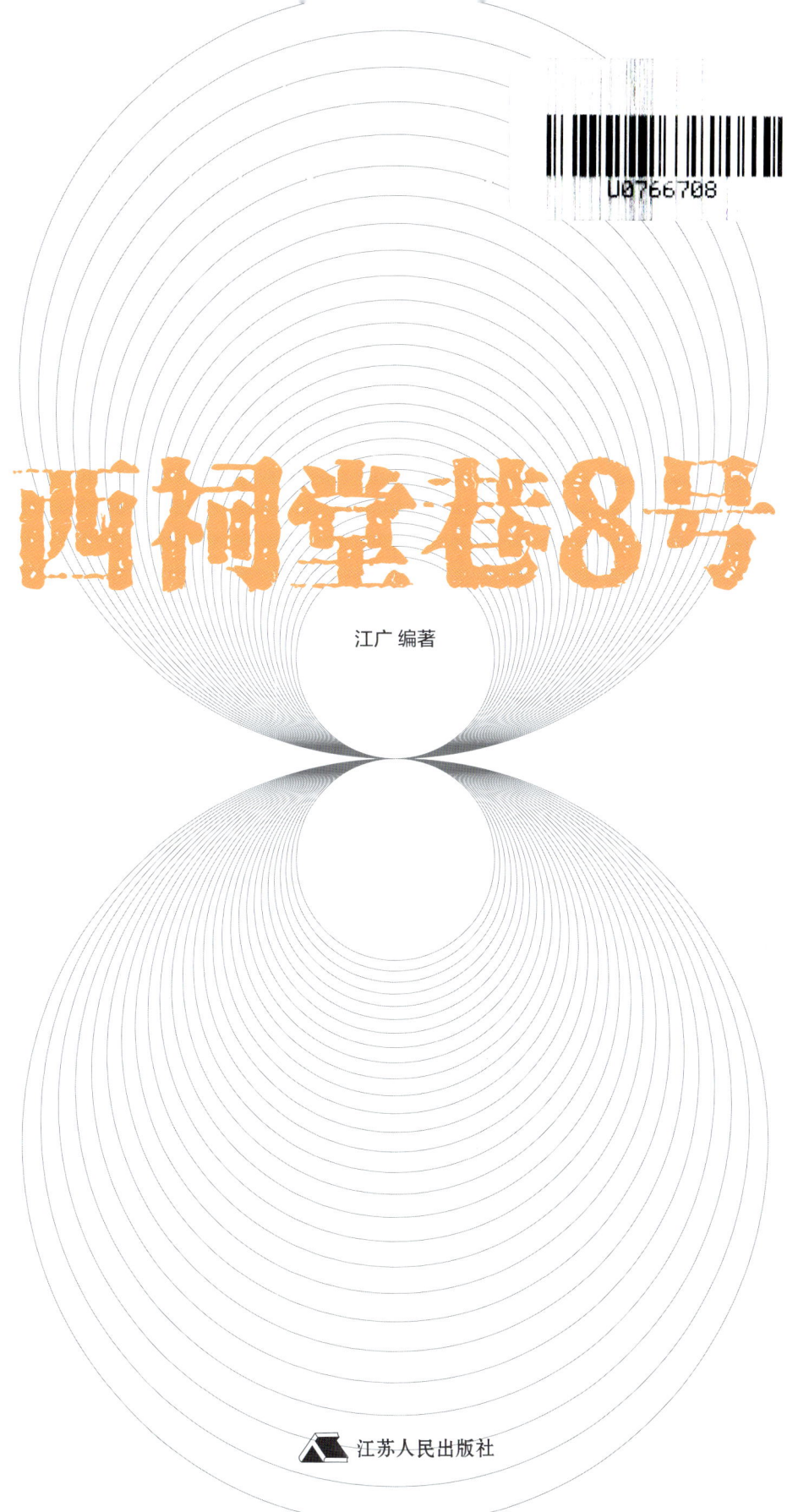

# 西祠堂楼8号

江广 编著

江苏人民出版社

图书在版编目（CIP）数据

西祠堂巷8号/江广编著. — 南京：江苏人民出版社，2022.12

ISBN 978-7-214-27780-0

Ⅰ.①西… Ⅱ.①江… Ⅲ.①广播事业-新闻事业史-研究-江苏 Ⅳ.①G229.275.3

中国版本图书馆CIP数据核字（2022）第236437号

| | |
|---|---|
| 书　　　名 | 西祠堂巷8号 |
| 编　　　著 | 江　广 |
| 责 任 编 辑 | 鲁从阳 |
| 装 帧 设 计 | 许文菲　王　磊 |
| 责 任 监 制 | 王　娟 |
| 出 版 发 行 | 江苏人民出版社 |
| 地　　　址 | 南京市湖南路1号A楼,邮编:210009 |
| 照　　　排 | 江苏凤凰制版有限公司 |
| 印　　　刷 | 苏州市越洋印刷有限公司 |
| 开　　　本 | 787毫米×1092毫米　1/16 |
| 印　　　张 | 18.5 |
| 字　　　数 | 332千字 |
| 版　　　次 | 2022年12月第1版 |
| 印　　　次 | 2022年12月第1次印刷 |
| 标 准 书 号 | ISBN 978-7-214-27780-0 |
| 定　　　价 | 128.00元 |

（江苏人民出版社图书凡印装错误可向承印厂调换）

# 前言

2023年1月1日,是江苏人民广播电台开播70周年纪念日。

70年峥嵘岁月,江苏人民广播电台(以下简称"江苏广播")作为主流媒体,始终坚持正确导向,坚持服务听众,坚持改革创新,坚持双效统一,取得了显著成绩。2001年6月,江苏省广播电视总台成立,江苏广播在总台"高标准建设全国一流新型全媒体集团"奋斗目标指引下,与总台电视、新媒体形成融合传播矩阵,守正创新,锐意进取,以蓬勃的生命力,书写新时代新广播的全新篇章。

70年来,江苏广播忠实地记录时代发展和社会进步,其自身也在与时俱进,不断奋力创新,勇毅前行。在这个重要的时间节点,我们回顾过去,既有大时代背景下的岁月故事和历史变迁,也有属于我们个人的独家记忆和真情实感。

"西祠堂巷8号"是江苏广播曾经使用的门牌地址。在那个用书信交流的年代,这个地址在各频率每天的节目中一遍遍播报,同时一封封、一摞摞甚至一袋袋的听众来信从全省全国各地通过这个地址,交付到主持人手中。这个地址成为彼此相连的纽带,深深印刻在一代代听众的记忆中。后来,随着技术的进步,听众通过热线电话、短信、网络等方式参与节目互动,写信虽然逐渐稀少,但更快捷的沟通让广播和听众更加贴近。2007年,由于大门改造,江苏广播的门牌地址变更为中山东路132号。"西祠堂巷8号"虽然不再使用,但它成为江苏广播的一个象征,是很多江苏广播人职业生涯的起点,代表着他们的初心和梦想;它还凝聚着一代代江苏广播人和广大听众的青春、梦想、奋斗、汗水和温暖相伴的特殊情感。本书以"西祠堂巷8号"为名,是对广播与听众共同历史的回顾，对彼此初心的珍视。

在广播电台的所有岗位中，播音员和主持人是话筒前的发声者，承担着一种特殊的职能。他们不仅仅是电波中熟悉又动听的声音，更是将广播与听众连接起来的桥梁。70年来，有见证江苏广播诞生和创业时代的老一辈播音员，他们通过不断实践总结，形成深受听众喜爱和信任的节目播音风格；有在改革开放春风中勇于探索创新的播音员，他们以新的广播理念呈现出一系列具有鲜明个人特色、更加贴近听众的节目；有顺应市场要求而涌现出的一大批集采编播于一体的节目主持人，他们风格多样、各有专长，在不同定位的广播专业频率中展露风采；有媒体融合时代充满"网感"的正能量网红主播，他们技能全面，在话筒前或镜头前自由切换，成为在各类场景中服务于不同受众的全媒体主持人。播音员和主持人的每一次转型，都连接着江苏广播一个新的发展时代。邱原、蔡美娴、王友鑫、刘光坤、徐凯、苏扬、胡德兰、田原、方成、鲁平、海琪、戈弋、李青、杨淮、金戈、一鸣、叶丹、海蓉、夏冰、梦石、李强、李苏、大卫、林杉、李炬、丹伲、徐涛、汪玲、磊磊、娜娜、程鸣、梁爽、王丹、邓煌……70年来，广大听众熟知和喜爱的一代代播音员、主持人，他们以自己独特的声音和奋斗的身影成为时代中最有温度的记录者和传播者。

《西祠堂巷8号》的作者是江苏广播目前在岗的91位节目主持人，他们以自己的视角记录下与江苏广播和听众朋友的故事，有的在直播台前，有的在活动现场，有的在全媒体演播室中，还有的在新闻现场、社区、工地、田间地头……他们采访、编辑、播讲、主持、互动，传播正能量的同时，也展现出了严谨专业、风格多样、各具特色的广播主持人形象，体现出主持人对听众的尊重和关爱、对工作的执着和热情、对自我提升的不懈追求、对前辈们奋斗精神的传承和发扬。他们向来以声音表达见长，现在通过文字追忆、讲述、展望，那些定格的历史影像，随着他们的描述徐徐展开，再现了很多与江苏广播相关的重大事件、重要过程和值得纪念的瞬间，勾勒出江苏广播70年的发展和变迁。值得分享的故事、想要表达的情感太多，有限的文字篇幅难以尽述，书中还展示了大量具有代表性的图片资料，让回忆中的人、事、物再次鲜活起来。

70年来，一代代主持人与江苏广播相伴走过，初心不改；与万千听众心心相印，携手前行。未来，更多故事即将发生，期待与您共同书写、一起见证。

# 目录

## 新闻

| | | |
|---|---|---|
| 时间的价值 | 汪　玲 | / 003 |
| 唯有真诚，最动人心 | 晓　东 | / 005 |
| 改版两三事 | 美　文 | / 009 |
| 多变的风格，不变的追求 | 姜林杉 | / 011 |
| 声音的力量 | 侯　贞 | / 015 |
| 我和一位听众的故事 | 铁　坤 | / 019 |
| 人民至上，"瑾"记于心 | 王　瑾 | / 021 |
| 传递思想，传扬正气，传承文明 | 李　杰 | / 025 |
| 用科学，回答世界 | 马骊雪豪 | / 027 |
| 我的岁月，请你珍藏 | 林　璇 | / 031 |
| 品甜酸苦辣，酿晨昏滋味 | 徐　钰 | / 033 |
| 做有温度的新闻人 | 陈　颖 | / 037 |
| 从"一张嘴"到"八爪鱼" | 苇　泱 | / 039 |
| 让每一个期盼都能听见回响 | 高　爽 | / 043 |
| 从"三无"到"三有" | 董　婕 | / 045 |
| 38，我与广播的数字密码 | 小　燕 | / 049 |

| | |
|---|---|
| 只是当时已惘然 | 陈　静 / 051 |
| "自信的男人是男神" | 郝　帅 / 055 |
| 情之所系，心之永恒 | 刘　扬 / 057 |
| 没有一朵花，一开始便是花 | 钱　遇 / 061 |

交通

| | |
|---|---|
| 坚持，有时候比创新还难 | 磊磊、娜娜 / 067 |
| 永远向上，永远热泪盈眶！ | 程　鸣 / 071 |
| 笑对人生 | 梁　爽 / 073 |
| 忘了起点，没有终点，只接送心的过往 | 王　丹 / 077 |
| 做个"新"人挺好 | 一　博 / 079 |
| 相逢十载，百色千彩 | 杨　阳 / 083 |
| 你我的"音缘" | 张　晨 / 085 |
| 最想听见的，是你的微笑 | 于　洋 / 089 |
| 我们默不默契，就看这三点 | 苹　果 / 091 |
| 爱车，有道 | 杨　晓 / 095 |
| 别羡慕，我只是把爱好当职业而已 | 龚　振 / 097 |
| 为了你的一路平安 | 吕　杰 / 101 |
| 我想跟你交个朋友 | 刘　磊 / 103 |
| 有爱相伴的路上 | 憨　憨 / 107 |
| 心之所向，无问西东 | 郎　朗 / 109 |
| 我和广播那些事儿 | 言　亮 / 113 |
| 热爱，向来值得 | 王　荣 / 115 |

| | |
|---|---|
| 有一种热爱，叫体育 | 陈　婷 / 119 |
| 《男生宿舍》，你心灵深处永远的家 | 成杰思 / 121 |
| 当梦想照进现实 | 张　端 / 125 |
| 但凡辛苦，都是礼物 | 阿　束 / 127 |
| 西祠堂巷 8 号，见证我青春的地方 | 周　宇 / 131 |
| 通江达海看长虹卧波，穿山越岭造人间通途 | 静　渊 / 133 |
| 梦开始的地方 | 关　心 / 137 |
| 用心工作，静静绽放 | 屠　青 / 139 |
| 21 年：成长与坚守 | 小　军 / 143 |
| 爱是石缝间顽强生长的花 | 文　岚 / 145 |

## 音乐

| | |
|---|---|
| 广播梦想家 | 邓　煌 / 151 |
| 我和广播的心"电"感应 | 陆　莹 / 153 |
| 君子不器，音乐如水 | 海　燕 / 157 |
| 下个，路口，见 | 徐　巍 / 159 |
| 我是杭程，我在听！ | 杭　程 / 163 |
| 我的舞台 | 尚　华 / 165 |
| 平台的力量 | 林　晓 / 169 |
| 我的馨动音悦时光 | 馨　悦 / 171 |
| 从医生到主持人的旅途 | 吴俊鹏 / 175 |
| 我的"四时之诗" | 燕　子 / 177 |
| 我在你的芳华里 | 谢　阳 / 181 |

| | |
|---|---|
| 在变化的身份中，拥抱不变的初心 | 美　美 / 183 |
| 来自我心 | 张　琳 / 187 |
| 我的第一任电台领导 | 苏　文 / 189 |
| 广播是船，载我到梦想彼岸 | 王　辰 / 193 |
| 你想过吗？ | 凯　文 / 195 |
| 声音为伴，四季予你 | 娜　一 / 199 |
| 从借鉴者到编写者 | 笑　非 / 201 |

## 文艺

| | |
|---|---|
| 漫步梨园，做传统文化的摆渡者 | 刘　璐 / 207 |
| 珍惜当下，心怀感恩，才能扬帆远航 | 朱　昊 / 209 |
| 青春正好 | 范　舟 / 213 |
| 一生的幸运 | 聂　梅 / 215 |
| 代号王大嘴 | 王　鹏 / 219 |
| 与你一起的时光都很耀眼 | 文　菲 / 221 |
| 我的 7 年，你的 70 年 | 王　悦 / 225 |
| 岁月如歌 | 子　君 / 227 |
| 嗨，你听见我了吗 | 张　洁 / 231 |
| 眼泪成湖 | 周大湖 / 233 |
| 敬畏之心，一如当初 | 一　潇 / 237 |
| 遇见美好的新文艺 | 武　豪 / 239 |

## 生活

| | |
|---|---|
| 真情涌动，激励我们勇敢前行 | 沈　颖 / 245 |
| 声音陪伴最好的时光 | 柳　笛 / 247 |
| 用真情服务换真心认可 | 安　琪 / 251 |
| 做主持人，也做"活动家" | 南　燕 / 253 |
| 我用话筒为幸福梦牵线搭桥 | 蓝　天 / 257 |
| 跟随财经广播成长的脚步 | 蔚　莉 / 259 |
| 热爱是做好一件事的开始 | 杨　淇 / 263 |
| "潮刘生活"下单吧！ | 刘　凯 / 265 |
| 服务"三农"真心真情真意永不变 | 申　琪 / 269 |
| 将成长交给时间 | 朱　燕 / 271 |
| 天天有戏，流金岁月 | 小　月 / 275 |
| 坚守初心，"一战到底" | 正　坤 / 277 |
| 我是一位"老"主持人 | 李　欣 / 281 |

南京地区 FM93.7
苏南地区 FM95.3
苏北地区 FM91.2

# 汪玲

我常常觉得在把新知识、新闻资讯和观点传递给受众,其实自己也被这份日常的工作滋养着。我常常觉得每天我都在吸纳新知识,看似把新闻资讯和观点传递给受众,其实自己也被这份日常的工作滋养着。

# 时间的价值

汪 玲

汪玲,现主持江苏新闻广播《新闻早高峰》节目。获中国播音主持"金话筒奖"广播主持作品奖、江苏"四名人才"——"名主持"称号、江苏广电总台主持人"金荔枝"奖。

前些日子,一个多年没联系的初中同学在微信上找到我,说起初二我们一起做广播站的事,其实做广播站这事我记得不真切了,但和广播的缘分应该是早早就存在的吧。

这些年我做过音乐节目、城市话题类节目,做得最长的还是早新闻节目。最早因为部门调整,通过双向选择我做了早高峰的主播,这份工作真不轻松啊。才做了一年多我就开始掉头发,掉得多了我就慌了,到处求医问药,医生给的建议是好好休息,保持充足睡眠,想着自己天天与晨露为伴,经常被闹钟吓醒,有时做梦梦里都是迟到的内容,我有了放弃的想法。我给了自己一星期的时间,如果到时情况没有好转就不做了。三五天后,新的头发开始长出,我长长地舒了一口气。或许是天意让我没有选择放弃,又或许是它想告诉我Don't worry,都会过去的。有时想想自己都有些不敢相信,披星戴月的作息坚持了十五年，每天清晨从居住地龙江到电台这一路的风景坐在车里静静地观看了十五年，它们好像没有什么变化，变化的是车里的人。

记得早年一个人主持一档节目，自己会煞费苦心设置主题，比如"时间的旅行"，提前写了串词，甚至想了这些词是压着前奏说还是放在一曲终了，虽然只是频率中一档非黄金时间的小节目，但尽心尽力完成，人是愉悦的。那时候做晚上的节目，早早就去办公室了，坐在地上选音乐，准备文稿，因为柜子在最下面一层，CD啊杂志啊拿取方便些，地上凉不凉没有印象了，但晚上办公室真的很安静啊。那时候为了频率包装出新，和小伙伴们长时间泡在录音间选音乐磨语言，大白天关了灯，就为了能念出片花中"夜的温柔和魅惑"。还有一次代表部门参加省级机关英语演讲大赛，很紧张也很重视，不眠不休地准备，最后三人战队进入最后决赛阶段，拿了第一，真开心真骄傲啊。

我一直很庆幸我的周围有一群很强的人，也很纯粹的人。刚做早新闻那会儿我几乎每天都会从总监副总监处得到业务上的指点，哪些地方表达不妥，哪些地方好，哪些地方还不够周全。以至于到现在我还有这样的习惯，一档节目做下来，会回头想一想、理一理，思考的过程让人踏实和满足。节目组的编辑都各有所长，花费了很多时间和精力去架构、聚焦和延展，然后把这一切毫无保留地呈现在我的面前供我选择、截取和调整，这里面是多年的信任和尊重，我很珍惜。有时我们会聊聊业务心得，通常不会谈到什么技能技巧，而是那些无法用技术指标衡量的经历、认知、视野和感受力。正因为此我常常觉得每天我都在学习和吸纳新知识，看似把新闻资讯和观点传递给受众，其实自己也被这份日常的工作滋养着。

世间万物，不变的是进化。未来的广播什么样，我无法给出答案。但是可以确定的是我们自己要用巨大的勇气和不断的努力成为新物种，才能继续爱她。

# 唯有真诚，最动人心

晓 东

晓东，现主持江苏新闻广播《晓东有话说》，江苏"四名人才"——"名评论员"、中国广播影视大奖获得者。

2007年，江苏新闻广播创立。也是在这一年，我正式成为江苏广播的一员。光阴流转，十五年一瞬。这是我人生最美好的时光。

做新闻要冷，冷静客观；讴歌时代和美好要热，热情洋溢才能打动人心。冷热相融是真诚，这份真诚，一直伴随着我的成长与成熟。

2019年是新中国成立70周年。做好爱国主题宣传，是主流媒体的重要责任和优势。在融合传播的新语境下，爱国主题宣传如何做到不高高在上，拉近与受众的距离和感情？如何以小见大、动情走心？

我和同事们深入思考后认为，生活在和平年代的人们，远离了山河破碎与社会动荡，作为一个普通人，一定有自己的方式去表达和实践对祖国的爱。听了我的汇报后，江苏新闻广播总监王卫刚当场确定作品名称就叫《我觉得，这就是爱国》。

题目有了，角度定了，难题也来了！要拍摄制作视频、创作可以在微信朋友圈传播的互动H5，可我和同事们都是广播的主持人或编辑，缺少技术和技能。怎么办？学起来！评论部迅速成立项目小组，分头攻破技术难题——《新闻夜分享》节目主持人马骊雪豪和《有话好说》节目编辑张羽佳主攻视频拍摄、制作；《晓东有话说》节目编辑丁俊突击学习H5的制作、传播；《新闻服务区》编辑杨欢全面统筹作品宣推、视频采访……就这样，连续通宵"作战"，在学中做做中学。

付出终有回报，视频短片主题鲜明、制作精良，一经推出即引发了众多网友的强烈共鸣。92岁的南京航空航天大学退休教授乔新是我国第一代强击机强五的副主管设计师，他说，培养的学生使我们国家的航空工业更加扎实，人民更加幸福，这就是爱国；外卖员刘候祥是2018年全国送外卖最多的"里程

▲ 在联合国维也纳办事处交流

王",他说,把热乎乎的饭菜送到客户手中、做好外卖员的本职工作就是爱国;大学生林妙可说,努力学习、精进学业就是爱国……

我们还结合江苏新闻广播自身特点和目前有效的新媒体传播手段,发起了一场超过120万人参与的关于爱国的大讨论。在大蓝鲸app留言板上,听众"小灰"留言:我是自主品牌汽车整车厂的一名质量工程师,爱国在我的理解就是把好质量关,让用户能放心用上质量可靠、价廉物美、性能优越的汽车,努力让中国品牌汽车更上一层楼。

这些来自各行各业的普通人情感真挚的留言,通过广播和网络在国庆节前夕大范围地传播,引发了公众强烈的情感认同。

原创H5——"为自己加油、给祖国点赞"。仅一天时间,点赞转发量突破500万。

以上数据均大幅刷新了广播主题宣传在新媒体端的传播数据。

几年后,我依然记得团队伙伴们那澎湃的创新热情,那加班学习钻研的身影,那些精益求精的创作情景;我依然记得在直播中读着一条条留言时被感动到多次哽咽;我依然记得项目成绩远超预期时的热泪盈眶……我会永远记得。

记录真诚,也传播真诚。

以我的真诚,爱我的人生。

# 美文

不怕失败,无问得失,改版不止,创新不停。

# 改版两三事

## 美 文

美文,现主持江苏新闻广播《新闻晚高峰》节目。获中国播音主持"金话筒"奖广播播音作品奖、中国新闻奖一等奖、江苏广电总台主持人"银荔枝"奖。

都说人生是一场直播,没有预演没有排练,只能往前。而广播主持人每天都要面临一场真实可感的直播,强大的心理素质是他们的必备品。哪怕飞虫滋扰,咳嗽难忍,甚至话筒架倒了,也得扛着,因为直播不能停、状态不能垮,所谓"泰山崩于前而不形于色"。唯有一件事,会让心理素质强大的广播主持人们陷入短则一个月、长则三五个月的深深焦虑中。这件事,叫"改版"。二十多年的广播生涯中,让我印象深刻的改版有两回。

第一回是在2001年,汽车逐渐走入千家万户,江苏交通广播网应运而生,13市同频,覆盖强大。

我,一个刚刚做了一年汽车音乐节目的主持人入职了当时的交广网新闻部。那时,新闻部的同事平均年龄二十来岁,大多是刚毕业的大学生,还有我这样没干几年的广播新人。新闻节目也是传统模式,早晚板块,男女对播。7月21号交广网才开播,不到俩月,领导就觉得不对了,整个交广的氛围是轻松欢快的,过于沉闷的节目形态如何融入?领导大手一挥:改版!晚新闻被整个一锅端,年轻人们傻眼了,怎么办?主播生涯还没开始就要结束?几个年轻人一合计,改!必须改!从播新闻到说新闻,甚至,我们还可以演新

闻。傍晚时段没了，那么夜间时段呢？凌晨2点到4点，可不可以成为我们的节目试验田？连熬几夜的头脑风暴之下，一个全新的节目方案出炉了，《新闻夜排档》，在这个节目里，天气预报不是单纯播报，而是独创的评书体；社会新闻不是传统播稿子，而是方言演绎；至于我和我的搭档靳浩，则是告别传统，说新闻、唠家常，岂不是更贴近？方案一交，惊喜来了，领导觉得这么好的策划，夜间太可惜，还是得黄金时段！于是，2001年9月21日，改版后的《新闻大排档》上新了。全新的样态立刻收获好评，有听众评价交广三大宝"美文的笑、张小沫的闹、梁爽的天气预报"，而我的新闻主播生涯也由此真正开启。

时间来到2013年，我已经在以"资讯第一台"闻名的江苏新闻广播工作了五年半。当时，智能手机已经风靡，各种弹窗、推送，可以第一时间把新闻送到你的眼前。也就在这时，我主持的《新闻晚高峰》节目收听率出现了明显下滑。焦虑，真的焦虑。传统模式行不通了，不破不立，只有改版！和同事一起反复磋商后，我们确立了关键词：讲述。从播报到讲述，说来容易，做起来可不。稿件要变得纯口语化，主播娓娓道来的同时还得符合频率特质，新闻性、权威性不能缺。没有捷径和借鉴，只有反复推敲：小到提要撰写，大到内容选编；还有雷打不动的回听，听语速听语流，还有亲和力问题……如今，《新闻晚高峰》牢牢占据着南京同时段收听率榜首，而我要说，唯有改变，才能永恒。

写这篇文章的时候，一年一度的江苏省广播电视总台内容产品创意大赛刚刚落幕，看着小伙伴们朋友圈里晒出的奖杯，感慨万千：在这个迅猛发展的时代，广播人正用一次又一次推倒重来的勇气，不怕失败，无问得失，改版不止，创新不停。

# 多变的风格，不变的追求

## 姜林杉

姜林杉，获中国播音主持"金话筒奖"广播播音员主持人奖、中国新闻奖一等奖，受聘为"学习强国"全国播音朗诵专家团成员。

从业几十年，被人评价最多的一句就是："没听出来是你，你怎么这么多变！"

正所谓"世上没有两片完全相同的树叶"，作为播读者也不该有两个完全相同的声音作品。多变一直是我的追求。我想：只有变，才能更好地为文字服务。

因何而变？

**因环境**——从黑龙江到江苏，南北文化差异很大，必须入乡随俗。东北二人转似的俚俗热烈，需加入些苏南昆曲般的文雅含蓄。我的母音是东北话，口腔开度大，而发音美学讲究宽音窄发，来江苏以后，受南方语音体系的影响，语音面貌中和二者。东北虎妞的厉声怒吼要掺进一点林黛玉的细声娇柔。

**因节目**——新闻从"播报式"到"说播结合"的时代审美要求；《新闻大视野》《理论在线》《名医坐堂》《林杉声音杂志》等各类节目的实践习练；第六届中国艺术节、第六届全国残运会、纪念世界反法西斯战争胜利60周年全国五家电台联合直播、深圳文博会、省两会、华西村40年村庆、江苏九所高校百年庆典等现场直播活动的磨砺锻炼；朗诵、演播、配音等多种艺术形式的补充尝试，都促使我在有声语言表达的多样性上不断学习探索。

**因受众**——从为成人读，到为大学生、中学生读，再到为小朋友录制小学课文、《全国优秀作文选》卷首篇、《美德少年》等，也为敬老院的孤寡老人读、为监狱中的服刑人员读、为抗疫前线的勇士读、为军营的士兵读、为春运返乡列车上的乘客读、为"十一国庆节"在南京主要景点的游客读、为残障等特殊群体读，受众必须作为改变语态的风向标与导航仪。

我们到敬老院为老人们朗诵，原定一个半小时的活动，延长到两个半小时，

# 姜林杉

美好音缘汇成
心底永远的恋歌

▲ 2006年5月深圳文博会直播

还依依不舍,一位坐在轮椅上半身不遂的阿姨拉着我的手,嘘寒问暖。

为监狱的服刑人员表演节目,看到他们从木然冷漠,到渐渐嘴角上扬、眼里泛光。

江苏新闻广播"爱的好声音"公益活动开展了很多年,我几乎每次都参加。有一次在盲校交流演出,我尽力把作品中的景物描写更生动地用声音呈现。看到盲童专注的"眼神",我不禁泪湿眼眶。还有一次与听障儿童互动朗读,我加大音量、放慢语速,并略显夸张地面对着他们,让他们看清我的口型和表情。后来有家长反馈说,孩子因此爱上了朗读,说话清楚多了。

…… ……

也正是这些机缘,成全了我的多变。白居易的《琵琶行》中有言:"未成曲调先有情。"是的,艺无止境,技亦无穷,而所有这些都需要爱做支撑。在江苏广播70华诞,献上一份爱的告白——

你说,你听到的我,永远是微笑的;
你说,你听到的我,永远是积极的;
你说,你听到的我,永远是自信的!

真的吗？！
难道，我不食人间烟火？
莫非，我没有哀怒，只有喜乐？

不！
我有！
我也有悲伤和难过，
我也有疲惫和失措，
只不过，
那样的时候，
我总是把它藏在心灵里最深最小的角落……

当我面对话筒的那一刻，
哪怕再苦再累，
都必须在瞬间满血复活，
精神抖擞地把正能量传播！

这是我的职责，
这是我无悔的选择。

每当听到你的应和，你的认可，
那便是我最好的所得！

不去问明天会有怎样的结果，
不去管前进的路上还会有多少苦涩。
问我：
为什么如此执着？
哦！
只因——此情——难割舍！难割舍啊！难－割－舍！
一直流淌在我的心河，
唱着永远的——歌！

# 声音的力量

侯 贞

侯贞，现主持江苏新闻广播《新闻评谈》节目。获中国新闻奖一等奖、中国播音主持"金话筒奖"广播主持作品提名奖、江苏广电总台主持人"银荔枝"奖。

我是在 2007 年江苏新闻广播开播前夕加入这个大家庭的，一晃十五年了。江苏新闻广播已从当年的平地一声雷到今天的稳居收听市场前列，我也随之收获了成长与荣光。

这些年，我主持过的新闻节目、参加过的大型活动数不胜数，其中想和各位分享的是《幸存者证言》的录制故事。这是我的个人记忆、江苏广播记忆，更是国家和民族的记忆。

2014 年 12 月 13 日是首个国家公祭日，以国家公祭的方式，祭奠在南京大屠杀中死亡的 30 多万同胞。在首个国家公祭日到来之际，江苏新闻广播推出《幸存者证言》，用声音向公众播放 30 位南京大屠杀幸存者的证言。其中有一家 7 口被杀的夏淑琴、左腿被日军炮弹炸断的吴秀兰、身中 5 刀的查富奎、火里逃生的岑洪桂等。他们是见证侵华日军南京大屠杀历史的"活人证"。我有幸成为这 30 篇证言报道的录制者。

初次录制时，我看着手中文稿上的这些描述悲愤到不能自已：1937 年 12 月日军攻占南京后，9 岁的常志强目睹了父亲和弟弟被日军枪杀，姐姐被奸杀，又看到胸口被刺伤的母亲挣扎着给 2 岁的弟弟喂了最后一口奶后死去。常志强惊吓过度，昏死过去，这才捡回了一条命。

# 侯贞

力量是声音的底色。

这些字字血泪的"活人证",犹如一帧帧画面把我代入1937,像一把把尖刀左右着我录制时的情绪,铿锵、气愤之情喷薄而出。第一遍录完,我感到浑身发麻,拿着稿件的手控制不住地颤抖。然而回听效果后,领导却反馈:新闻感能否再强一些?

播音艺术的创作常常是"可意会不可言传",譬如"新闻感"是什么感?情绪、发声、停连、节奏……怎么去体现新闻感?

我尽快调整自己,忘掉之前录制时所有的情绪、感受,让一切归零。开始重新思考:侵华日军南京大屠杀的历史发生在1937年,为什么今天我们还要去讲述它?今天讲述的意义是什么?我希望听到这些证言的人感受到什么?

我的思路开始渐渐清晰:那些真实发生在1937年南京城的血泪史不容遗忘、不容否定,这是我们尊重客观史实的底气,不需要我在录制时去强调和张扬。我应该通过我的讲述让更多的人知道:不忘历史、珍爱和平。

正像幸存者陈德寿老人所说:我今天作证,就是想把我当年经历的苦难告诉我的子子孙孙,告诉更多的人。让大家铭记历史,悼念逝者,维护和平,反对战争,让后代珍惜今天的幸福生活,努力奋斗,把我们国家建设得更强大,决不让历史悲剧重演。

最后的录制成品,我收到了这样的评价:克制但有力量。这也成为了我做新闻节目的一条准则。新闻的生命是真实,力量是声音的底色。

铁坤

上世纪90年代，每天我都会接到百余封听众来信，字里行间都是听众对广播以及主持人的关爱。

# 我和一位听众的故事

铁 坤

铁坤,现主持江苏新闻广播《新闻故事》节目,江苏省朗诵协会会员。获江苏播音与主持作品奖、江苏广播"十大优秀主持人"称号。

1992年,江苏经济广播电台开播,经过层层选拔,我幸运进入了江苏人民广播电台,成为了一名播音员主持人,开始了广播生涯。从那时起,我在西祠堂巷8号度过了30年的光阴。

江苏经济广播电台开辟了大板块、直播的新颖模式,听众可以直接打进热线与主持人交流。直播拉近了主持人与听众的距离,主持人以个性化的表达出现在广播中,上世纪90年代的通讯远远没有现在这么发达,当时都是听众写信,每天我都会接到百余封听众来信,字里行间都是听众对广播以及主持人的关爱。在这要讲述一下我与听众黄伟伟的故事。

出生在江苏盱眙的黄伟伟现在也是一名新闻从业者,之所以选择走上新闻事业道路,就是因为受江苏广播的影响。据他回忆,1999年,刚上初一的他开始收听江苏人民广播电台的节目,为了提高英语成绩,父母给他买了一台随身听,用来听英语磁带。某个周末的午后无意中听到了中波585江苏经济广播电台的节目,在那

▲铁坤与黄伟伟

个娱乐内容比较匮乏的年代,听到这么有趣的电台综艺类节目感觉特别新鲜。最重要的是,主持人磁性的声音对他来说具有很大的吸引力,听完才知道那档节目叫《绝对心跳》,主持人叫铁坤。初中的学习竞争压力不是特别大,下午两点到四点,只要有空,黄伟伟就会打开收音机听《绝对心跳》节目,有时候还在班级里播放,全班同学都在听。听着听着,他开始给主持人写信,在节目里为亲朋好友点歌送祝福,写完信就期待自己的名字能在电波里出现。有一次下午体育课,全班都在听节目,我刚好念到黄伟伟的来信,那一刻全班沸腾了。时隔多年,黄伟伟告诉我,想起当时的情景,仍然激动万分。

2001年3月1日,我的第一次听众见面会安排在了盱眙中学,那时黄伟伟读初二。为了见到我,一个人坐车到县城参加见面会。仅能容纳400人的盱眙中学多功能厅被围得水泄不通,有来自江浙沪皖的众多听友,甚至最远的还有从甘肃赶来,连窗外都站满了人,当我与搭档走进见面会现场的时候,全场掌声雷动,欢呼不断,3个小时的见面会充满了欢歌笑语,当时我唱了一首歌曲《等到那一天》。黄伟伟告诉我,时至今日,他每次去卡拉OK都要点这首歌,每次唱就会想起当时见面会的场景。

后来,黄伟伟通过不懈努力,考上了中国人民大学新闻学专业,2007年,来到江苏新闻广播实习,和我的办公室一墙之隔,我和这位"忘年交"有了更深入的交流。工作之后,黄伟伟还利用业余时间做了一档网络电台节目,名叫《再回心跳》,以此来怀念曾经的青葱岁月。虽然平时联系并不多,但让我感动的是,每年生日之际,黄伟伟都会给我送来一份问候。20多年来,我与黄伟伟一直保持着联络,他告诉我,曾经的一档节目在影响着他,他也一直在关注着江苏广播。

# 人民至上,"瑾"记于心

王 瑾

王瑾,现主持江苏新闻广播《政风热线》节目。获中国广播电视大奖、全国新闻界第七届"好记者讲好故事"最佳选手。

2015年的一天,主持《政风热线》节目的我,突然在听众留言互动屏上刷到一条信息:"我们一定要收拾你"。这是我工作以来遇到的最严重的一次威胁,对方是什么人?

那一年,我们接到渔民的反映:江苏徐州和宿迁最重要的水源地骆马湖非法采砂现象严重。上千条非法采砂船肆意妄为,岛屿塌了,鱼群少了,湖水脏了,生态环境急剧恶化。

必须救救骆马湖。但长达十年的非法利益链,要撼动并非易事。此后半年,

▲ 全面禁采半年后,骆马湖迎来罕见银鱼鱼汛

# 王瑾

"有困难找《政风热线》，要监督找王瑾"是听众、观众对我们的真诚评价，更是对我们的鞭策。

我们奔波于两地十几个部门，多次冒险登上非法采砂船暗访、出艇十多次。其间遭遇推诿、被跟踪，甚至在夜间采访时差点被水面上的渔网线割喉。我们大量调查后，终于掌握了水质中有害物质含量达到临界值的关键证据，通过对多方知情人士的采访，揭开了非法采砂与地方财政挂钩的利益根源。很多人问我怕不怕？有点怕。但每一天我还是会准时走进直播间，打开话筒。报道播出后，水利部和江苏省政府联合召开禁采工作会议，贯彻国务院领导重要批示。采砂船被清零，数万名从业人员得到妥善安置，非法利益链被斩断。

后来渔民兴奋地告诉我，消失了15年的银鱼又回来了，晶莹透亮的一大片，特别好看！银鱼对水质特别敏感，它是渔民眼里水质好转的风向标。

这是惊心动魄的半年，也是我们通过直播和采访不断为骆马湖呐喊的半年！我们到底是"为了谁"在做舆论监督？工作20年，我经常问自己这个问题，为了谁？为了碧波荡漾，为了绿水青山，更为了心中沉甸甸的两个字：人民。群众利益无小事，民生问题高于天。这是一份庄严的承诺。用舆论监督的方式推动问题解决，才能对得起听众、观众对我们的信任。

今年是我在主播台前的第20年。至今都记得，第一次直播时无比紧张，拿着新闻稿的手一直在发抖，一档节目下来，感觉心脏都快跳出来了。之后，我取了名字中的前两个字为播音名——"王瑾"，与谨慎的"谨"同音。要求自己不仅在主播台前要镇定，对着话筒说出的每一句话，更要严谨、慎重，这是自我定位，也是20年来践行的准则。

"有困难找《政风热线》，要监督找王瑾"是听众、观众对我们的真诚评价，更是对我们的鞭策。我将和我的栏目组一起继续努力，不负所托。

▶ 王瑾在全国新闻界第七届"好记者讲好故事"活动中荣获最佳选手称号。在人民大会堂留影

# 李杰

我们不仅记录着今天的新闻,也在努力向着昨天打捞记忆,朝着未来传承文明。

# 传递思想,传扬正气,传承文明

李 杰

李杰,现主持江苏新闻广播《江苏新闻联播》《天天早知道》节目。获中国新闻奖、江苏播音与主持作品奖一等奖。入选江苏"紫金文化人才培养工程"文化优青培养对象。

在日新月异的南京城,建院130周年、日均接诊量过万人的鼓楼医院每天人流不息,而在同样历史悠久的鼓楼区第一中心小学,每天不会缺席的是孩子们的朗朗读书声。和它们相比,南京大学校园旁的一座二层小洋楼则在闹市里显得格外静谧,这里曾住着一位德国人,他叫约翰·拉贝。如今的人们不会意识到这些地方在1937年冬天对于遭受苦难的南京城意味着什么。

面对惨绝人寰的大屠杀,约翰·拉贝、约翰·马吉、明妮·魏特琳等20多位国际友人,正是沿着这些地方,圈起一片面积为3.86平方公里的南京国际安全区。是手无寸铁的他们托起了中国难民"生的希望"。于是2020年我们决定,重走这周长约8公里的"战时生命线",感恩和平、"昭昭前事,惕惕后人"。

◀ 业余时间在博物馆展厅为观众志愿讲解

▲ 2020年11月，采访中国政府赴委内瑞拉抗疫医疗队成员、鼓楼医院重症医学科主任顾勤

重走的起点是当时南京安全区内唯一的医疗救助机构——鼓楼医院。那天，初冬的南京下着毛毛细雨，阴沉沉的天仿佛能让你马上体会到85年前那个冬天透着的绝望。然而在医院的新门诊大楼里，一直被医院的志愿者和患者共同演奏的那架钢琴，又是一道独特的风景，悠扬的琴声让你感到温暖，我想也会让就诊的病患感到一种安慰。但让人很难想象是在那个冬天，当时一位怀孕近7个月的19岁妇女，因为和施暴的日军搏斗，全身一共被刺了三十多刀。送来医院后，在医护人员的努力之下，虽然流产，却奇迹般地保住了生命。这位幸存者就是李秀英，她2004年去世，她生前的证词，揭露了南京大屠杀的残暴，被收录在世界记忆遗产名录《南京大屠杀档案》中。

当年31岁的美国人罗伯特·威尔逊，是那时鼓楼医院里唯一的外科医生。那个冬天，他和医院20多位中外医生几乎把所有时间都用来挽救被日军机枪和刺刀伤害的伤员。现如今鼓楼医院在岗职工已经超过5000人。我采访的重症医学科主任顾勤医生就是其中之一，当年3月底，还和同事参加了中国政府赴委内瑞拉抗疫医疗队，远赴地球另一端协助当地开展疫情防控工作。顾勤说，病毒没有国界，疾病不分种族，人类是个共同体。医生也是没有国界的，当年，国际友人无私救助了中国难民，今天，中国医生也要有所担当。

"南京安全区作为历史的一面镜子，人类无疑将永无止境地从中汲取智慧和教训。"《感恩和平 重走"南京安全区"》这组系列报道也传播到了世界的很多地方，因此荣获第三十一届中国新闻奖国际传播作品三等奖。随着"南京大屠杀档案"列入《世界记忆名录》，这段记忆已不仅仅是城市记忆、国家记忆，而是世界记忆。

面对着在世幸存者的相继离去，我和同事们能做的就是持续报道、接力讲述，因为我们共同的感受是"他们等不起，我怕来不及"。

# 用科学，回答世界

马骊雪豪

马骊雪豪，现主持江苏新闻广播《新闻夜分享》节目。获中国新闻奖一等奖、中国广播电视大奖。

故事是从2014年开始的，2014年9月15日22时01分，我的第一档《新闻夜分享》。

这八年，有一半以上的时间我都在做科普，《新闻夜分享》也是长三角唯一一档坚持在做硬科普的广播节目。在决定做这个方向的时候，科普还是个相当小众的门类。那时刘慈欣还没拿到雨果奖，《三体》在中文世界还是个陌生

▲ 第一次直播

马骊雪豪

只要你愿意，抬起头就有答案

的书名；克里斯托弗·诺兰的《星际穿越》还在改剧本，五年后才惊艳上映。回看我的主持生涯，是一张照片让我成为一名坚定的科普工作者，用语言绘制一个日常生活之外的绚丽世界。

2015 年 7 月 14 日，一张心形照片引爆了全世界的社交媒体，它来自 64 亿公里外，是迄今为止最清晰的冥王星照片。人们惊讶地发现这颗拥有恐怖名称的星球居然如此可爱：在它赤道线南侧有一颗巨大的心形平原，这和它在世人心中的幽暗寒冷特质截然相反。在全网都在赞叹这种反差萌时，我注意到拍摄下这张照片却注定无法回头的探测器——新视野号。它在宇宙中航行了 9 年时间，只为在这一刹那留住冥王星的美，随后将飞向太阳系外的航行禁区柯伊伯带。没有情感，没有终点，孤独航行，它虽然只是个机器，但却是人类行走太空的先行者，证明了人类作为太阳系唯一智慧生物的勇气。讲到动情时我流下了眼泪，为了一个冰冷的机器。

节目播出后大受好评，听众反响强烈。我意识到在琐碎生活之外还有星空大海，还有人类社会的终极生产力：科学。它由一条条看似刻板的公式构成，却能呈现出超越国别、种族、文化的高级共情。它是最伟大的浪漫，无论你在世界的哪个角落，只要抬头，我们都仰望同一片星空。

于是，《新闻夜分享》节目新板块"新闻涨知识"应运而生：我们带听众去看罗塞塔号如何经历 10 年飞行后与它的女神 67P 彗星相遇；我们在卡西尼号 20 岁生日的时候见证它完成最后一个任务——自我解体后撞向太阳系最绚丽的土星环；我们为成功入轨的中国空间站核心舱振臂高呼，为第一个实现"绕落巡"三步走的火星探测器天问一号骄傲自豪；我们在神州十二号航天员乘组升空时带听众了解这背后中国航天的功勋神箭——从发射神州一号开始一直保持 100% 胜率的长征二号 F 运载火箭；我们为大家科普搭载新一代 YF-77 氢氧发动机的长征五号背后有多少中国航天人的奉献和担当。

8 年时间，将近 2000 条新闻涨知识，从微观元素到璀璨星河。每次话筒开启都是穿越时间空间的奇幻旅程。如果站在行星时间尺度看地球上的人类，可能只是不起眼的一瞬，但正是这一瞬，让浩瀚宇宙有了生机。

科普是一件任重道远的事情。习近平总书记曾指出，科技创新、科学普及是实现创新发展的两翼，要把科学普及放在与科技创新同等重要的位置。当更多人愿意相信科学，并尝试用科学看待世界时，必将伴随我国科技事业的迅猛发展。在江苏广播 70 年的时间长河中，我只算一个刚上小学的小朋友，但我很荣幸能以自己的力量，让这个金字招牌上有一抹纯粹的亮色：科学的颜色。

# 林璇

站在中山东路西祠堂巷巷口,看着高大茂密的梧桐以及似乎永不停歇的车流,我知道,我的青春在这里。

# 我的岁月，请你珍藏

林 璇

林璇，现主持江苏新闻广播《新闻早高峰》《新闻晚高峰》节目。获江苏广播新闻奖一等奖、江苏广播"十大名牌节目"。

2000年后，类型化电台如雨后春笋般出现，2004年，江苏旅游广播应运而生，我有幸加入了这个特别年轻的团队，除了几位前辈，其他都是刚走出校门的年轻人，二十出头，年轻有热情。旅游广播刚成立，软硬件都很一般，但是，每个年轻人都很热爱广播，都想大展拳脚，那会儿整天泡在台里，我记得吃得最多的就是西祠堂巷拐弯口哈尔滨水饺的平菇烩豆腐，还有电台出门左拐莫林饭店的水煮肉片和酸菜鱼。

三年间，我尝试过娱乐节目、婚嫁节目、美食节目，2007年，江苏全新闻调频成立，也就是现在的江苏新闻广播，我又转换了职业赛道，加入新闻广播。

这实在是命运之神的一次眷顾,让我开启了一段专业的新闻人生涯。

记忆最深刻的是2008年,我跟着记者姜奇卉,一起去暗访南京下关的死龙虾市场。当时接到爆料,下关热河南路一带的小巷子里,很多店专门处理死龙虾,虾仁剥出来冷冻再卖给饭店。我们连续一周在巷子里蹲点,从清晨到黄昏,观察记录每天大概运了多少虾子进去,推算一家黑作坊的产量。两个年轻的女孩为了不引人注目,特意穿得很朴素,想办法找角度不让加工点的人发现我们。果然如爆料人所说,每天一车一车的死龙虾运往这里生产加工。天气不算热,但是巷子里苍蝇不少,四处都弥漫着臭味,蹲不住的时候心里也抱怨。但是也给自己打气要静得下心,沉得住气。观察和写作,缺一不可。在下关蹲守了一星期,我们回来打磨稿件,手上的录音也有不少,写了三篇连续报道,引起了听众的关注和政府机构的反馈,再后来,这个黑加工点被彻底清除掉,系列报道年底还获了奖,身为新闻人的自豪感油然而生,感觉人生找到了方向,触摸到了新闻人的使命担当。

记者岗位的历练,也让我变得外向了很多。从不善与人打交道到厚脸皮抓住采访对象就问,似乎只用了很短的时间。

2009年的"世界儿童日",我去采访了一家智障孩子的帮扶中心,看看这些孩子在节日里有什么心愿,节日那天南京刚刚下了一场大雪,天寒地冻。去了之后才发现这家民间帮扶中心因为缺少资金,孩子缺衣少被,也没有取暖设备。采访结束的我心情沉重,思考了很久决定替孩子们写稿呼吁援助。听众都很有爱心,系列报道为孩子们募集了三万多元的空调、被子和棉衣。这组采访的反响也再次让我感受到新闻媒体的召唤力,也更深刻地感受到做新闻要有悲天悯人的情怀。

生活里,我不像刚进台时那样喜欢和女孩子们叽叽喳喳了,开始沉进自己的内心,感受成熟的快乐。

站在中山东路西祠堂巷巷口,看着高大茂密的梧桐以及似乎永不停歇的车流,我知道,我的青春在这里。而江苏广播大厦的这栋大楼,也一直都在。

# 品甜酸苦辣，酿晨昏滋味

徐 钰

徐钰，现主持江苏新闻广播《天天早知道》，一级播音员。获江苏播音与主持作品奖一等奖、江苏广播"优秀主持人"称号。

2000年3月，初春，玉兰花一夜站上枝头，我走进中山东路西祠堂巷8号。一转眼，在江苏广播大院工作已经22年了。

新闻主播的工作，在家人眼中就是晨昏颠倒，睡眠不足；在朋友眼里总是很忙，没有档期。大年三十，一家人热热闹闹守岁打麻将，正高兴呢，一看时间，不得了，赶紧睡觉，明天4点半闹钟会准时叫醒，毫不留情。因为，每天的第一班岗需要我早早站好。

22年中，凌晨微曦中的《江苏新闻联播》《天天早知道》，火热车流里的《午间新闻杂志》《记录今天》，深夜静谧时的《江苏周刊》《即时资讯》，都是我耕作在主播台前的岁月留痕。

我印象最深刻的一次直播，发生在2011年7月23日。当时，我和我另外三个小伙伴正一起值班《即时资讯》。晚上8点半，微博刷新出一条新闻：在浙江温州附近，两列动车相撞，现场有死伤。看到这条新闻，我们立刻意识到这是一个重大突发事件。从晚上9点开始，我们打通即时资讯，全部用来关注此次动车事故。从最初联系到动车上的一位海峡之声的同行，到后来大家八仙过海，陆续通过各种途径联系到浙江台的记者，通过微博联系到现场的目击者，以及后期负责理赔的保险公司经

# 徐钰

一个主持人的核心力量不是高超的语言技巧,而是用有温度的语言去触及更多人的心灵,那一刻我充满使命感。

理，我们还帮助听众找到了在现场失散的家人。整个直播特别节目期间，我们收到了上万条微博跟帖，在微博制造了"937江苏新闻广播"转发狂潮。我们的直播一直进行到凌晨，最后一档节目结束前，编辑给直播间的我发来一条信息：在节目里放一首温暖的歌吧，为事故中的逝者送去祈福，也为生者送出鼓励。那天直播结束，我突然领悟：一个主持人的核心力量不是高超的语言技巧，而是用有温度的语言去触及更多人的心灵，那一刻我充满使命感。

也是那天，回到家的时候，天都快亮了。我推开家门，看到厨房的灯亮着，桌子上的水杯下面压着一张小纸条，是当时上幼儿园的女儿歪歪扭扭的字迹，还夹杂着拼音和象形文字："妈妈，今天我的字写完了。这杯蜂蜜水，是我做的哟，你喝了再睡觉吧！"捧着这杯已经凉透了的蜂蜜水，我心里既酸且甜，眼睛一酸流下泪来，多少次我不得不对家人说：对不起！但是，怎么办呢？这是我的热爱啊！

新闻工作最迷人的地方在于手握话筒，听我说也听别人说。在中车集团的车间看"大国重器"滚滚向前；在"全国脱贫攻坚楷模"赵亚夫身旁听他倾诉对土地的深情；在南京博物院听前院长徐湖平讲述当年如何保护挖掘"凝固的历史"……每一次将话筒伸向别人，都是在我有限的生命注入源源不断的新鲜内容，让我成为历史的触摸者，未来的见证人。

职业生涯过半，我仍初心不改。见过早上五点下雪的中山门，走过凌晨两点清冷的新街口，明早的闹钟依然会在四点半敲响，早功练声依旧不辍，广播已经和我的生命紧紧相连。我的20多年见证了广播的辉煌，经历着时代转型融媒体大发展的浪潮。未来已来，下一个20年与江苏广播情缘不断，携手向前！

# 陈颖

从广播迷妹变身电台主播，这20年，在我看来没有厌烦，只有幸福；因为热爱，所以坚持。

# 做有温度的新闻人

陈 颖

陈颖，现主持江苏新闻广播《新闻服务区》节目。获江苏广播"十大优秀节目"。

最近与一好友品茶闲聊，好友说："20年来，只干了同一份工作，开始厌烦了，不知道自己还能坚持多久。"我对她说："能坚守一份工作20年，说明这份工作有你割舍不下的情怀。"话音刚落，我意识到今年正好是我加入江苏广播的第20年，从广播迷妹变身电台主播，这20年，在我看来没有厌烦，只有幸福；因为热爱，所以坚持。

这些年，我接触过音乐、娱乐、新闻等多种类型的节目，深知不同节目对主持人的要求是不一样的，而我更喜欢新闻主播这个角色。2007年1月6日江苏新闻广播横空出世，开创省级类型化新闻电台先河。这一年我正式加入江苏新闻广播，同时也因为播出了一条特殊的新闻，让我决心要做一名有情怀、有力量的新闻主播。

2007年7月15日，我当班《即时资讯》节目，编辑室突然接到一个求救电话，有一名叫沃美玲的稀有血型产妇因大出血生命垂危，急需RH阴性O型血，也就是我们俗称的"熊猫血"救命，能否在最短时间内找到这一极其罕见的血源，直接决定着沃美玲的生死。从接到这条求助信息开始，我

就意识到了事情的严重性,第一时间凭借空中电波的优势,快速为求助者搭建起一条"生命通道"。从上午9点开始,每隔半个小时就在广播里播出一次求助信息,这条信息通过电波,传遍了南京的大街小巷,虽然我也知道要在短时间内筹集大量RH阴性O型血非常困难,但必须让更多的人能够听到这条新闻,才能为产妇赢得更多生命的希望。让我意想不到的是,在节目播出十分钟后,线索就来了,第一个打进电话的是安徽省马鞍山市爱心车队的队长,他说他们车队一名叫黄辉的司机,是这个血型,当我告知黄师傅必须在下午6点之前从马鞍山赶来南京献血,他二话不说,立刻结束接单,驱车赶往南京。经过一次又一次的不间断播报,还有一名南京的中学老师陶先也加入了献血大军,之后陆续有更多"熊猫血"的市民前去献血,最终采集了6400毫升的"熊猫血"用于沃美玲的康复治疗。

因为这场"爱心大营救"得到了社会各界的广泛关注,在2008年初我很荣幸跟两位稀有血型捐献者黄辉师傅和陶先老师接到邀请去中央电视台录制了《中国骄傲》栏目,当时主持人撒贝宁问了我一个问题:"如果10小时的直播中还是没有采集够患者所需的RH阴性O型血,你们的直播还会继续吗?"我记得当时毫不犹豫地答道:"当然会继续,只要患者还有生存的希望,我们就一定会把这场直播继续下去,这是我们作为新闻人的责任与担当。"

直到今天,每次回想起这场与死神赛跑的"爱心大营救",都会让我深深感动。在此之前,我常常会在新闻主播究竟是要做信息的传递者还是"共情者"之间摇摆不定。经历这件事之后,我明白新闻播报并非"冷冰冰"的播报文字信息,有血有肉的共情能力更重要,只要用心吐字,用爱发声,做一个有温度的新闻人,一定会得到更多听众的支持和喜爱。

# 从"一张嘴"到"八爪鱼"

苇 泱

苇泱,现主持江苏新闻广播《江苏新闻联播》节目。获江苏广播"优秀主持人"称号、"新锐主持人"称号。

2011年,我从电视转身,带着好奇开始了自己的广播生涯。11年里,与新闻相关的广播节目类型几乎被我"一网打尽",经历的大小活动更是多如牛毛。11年里,很多瞬间都值得记录,篇幅有限,就说说那一年的"全媒体"进博会吧。

2018年11月5日,第一届中国国际进口博览会在上海举行。此时,正值全国融媒体新闻报道风起之际,于是,江苏新闻广播团队带着总台融媒体报道任务出征上海。当时,我的任务是与上海台的一次合作直播和两场新媒体直播。广播直播,每天操练,自是不必过于担心。"家里"全方位保证安全播出,台本也早早地由两地编辑合作完成,更高兴的是,与我合作的上海台女播还是同校师姐,默契值陡增,直播顺利完成。

倒是大蓝鲸新媒体直播,磨掉了一层皮。可能有人觉得,电视主持人出身,这事儿没那么复杂。从形式上来说,确实如此,但过程绝非轻而易举。

当时,整个进博会场馆有足足27万平方米大,8个分场馆,有几个还分上下两层,而每场直播需要在1小时内尽可能包罗万象,怎么有序紧凑地去呈现给观众,就成了需要认真应对的事儿。"知己知彼,百战不殆",踩点是必不可少的。

第一天探馆,团队分成了4个组,从旭日高升,转到星星点灯,走得脚底喷火。等场馆的大巴将我们送出,打车回到酒店,已是9点后。大家在一起草草吃个饭,汇总收集到的材料,就给"家里"汇报情况,等待指示。记者更辛苦,还要回房间制作录音稿等等。我除了帮忙录点插报,就开始"图上作业",在场馆指示图上,各种圈圈点点,将自认为特色鲜明的摊位做好标记,然后就是"两点之间直线最近",尽可能寻找最优路线备份。

# 苇泱

"全媒体"已成为我们报道的常态,但有就底刃许脚摩擦。或许当年星火里出来的。这份"游刃有余",是从的

第二天,"家里"发来消息,确定两场直播主题"美食"和"美妆"。看到美食,我一阵兴奋,作为一个吃货,动嘴的乐趣不遑多让,但是"美妆",又是一阵眩晕。一个360度无死角钢铁直男,出门最多抹个油,别说品种,品牌都不识几个,可不能变成"刘姥姥逛大观园"!没办法,只能再转一回,不过这次"有的放矢",效率高了很多,回到酒店,就是对着照片上网查资料,还给达人朋友打电话,普及了一番品牌文化,算有了点眉目。最后,将路线按照"大洲""大牌""大创新"区分清晰,心中有数,脑里有图,就等着"美美地"开播了。

开始一切顺利,但随着直播推进,又让我心里一阵发虚。参展外国友人非常热情,时不时带着产品入画,聊聊?尽管我英语口语过了雅思6.5,但时隔多年,未免没底,只能硬着头皮、竖着耳朵努力沟通,幸好"连比划带猜",加上紧急调动的词汇量,有惊无险地完成了任务。

短短几年,"全媒体"已成为我们报道的常态,但这份"游刃有余",或许就是从当年脚底的火星里摩擦出来的。现场不断变化的状况,也让主持人从"一张嘴"变成了"八爪鱼"。犹记得那年在上海的最后一餐,因为整个团队完成了一个全新的任务,特别兴奋,大家比着微信步数,将带队领导破例点的酒一饮而尽。

明天继续在路上~~

# 高爽

我的凤愿"法律咨询有问必答，无一遗漏"，成为了现实

# 让每一个期盼都能听见回响

高 爽

高爽，现主持江苏新闻广播《高爽说法》节目。获江苏省广播电视总台"优秀主持人"称号，江苏广播十大名牌、优秀节目。

1999年3月，我走进响当当的西祠堂巷8号——江苏人民广播电台。那时的工作可是个"体力活"，记者的标配是"大皮包式"的采访机，配上长长的话筒，听众投诉的问题一圈采访下来，没点体力还真不行。录节目用的是类似于电影放映胶片的开盘带，在一个像大号留声机的设备上一圈圈地旋转着，如今只能在江苏人民广播电台的台史陈列馆里看到它们了。每一次录完节目都小心翼翼地捧给导播，生怕那缠绕在带盘上的磁带一不小心飞舞起来。

在手机还没有普及的那个年代，听众的投诉大多来自书信，还有一部分被记录在了当时新闻部唯一的录音电话里。获知投诉处理结果不少只能通过收音机旁的守候，那是一件翘首以盼的事情。

2005年，江苏人民广播电台大部分节目已经实现了直播化，一档名为《法制园地》的节目要从录播改为直播，我的主持生涯就这样开启。这时的直播间早已告别了开盘带，点点鼠标就能播放片花、稿件；推开话筒，即能实现主持人、听众、律师三方通话，许多法律问题当场可迎刃而解，仿佛乘上了效率的快车。电波里的服务缩短了彼此间的距离。

电话、信件雪片般地飞来，可只恨节目时间太短，装不下那么多期盼。

科技的飞速发展，让人惊喜地发现，曾经的遗憾已不复存在，听众的每一份期盼都可以听见回响。

微信公众平台等新媒体的出现，让我的夙愿"法律咨询有问必答，无一遗漏"成为了现实，也开启了另一种"体力活"时代。

我因听众咨询的量太大而"跟跟跄跄"：听众的留言、发来的合同、判决书、证据图片、音视频等资料皆要整理成文档转给律师，其后，再将律师的解答逐一回复给听众。日复一日，年复一年，没有双休和节假。

可当服务变得更加便捷，总让人有一种冲动，是否还能做得更多？

因为在这海量的咨询中总有那么一部分会揪扯着你的心，他们真的太需要帮助了。80岁孤寡老人郭老太太遭遇车祸不能动弹，她该怎么维权？孙国强相依为命的哥哥在车祸中丧生，瘫痪在床的孙国强又如何给哥哥讨回公道？90岁的段奶奶孤苦一人，房子被占，谁来帮她……在法律解答已经不足以帮助到他们的时候，还能做点什么？思来想去，那就和律师免费上门服务吧！当"名律师、大律师免费起草合同协议、免费打官司"的活动走进郭老太太、孙国强、段奶奶等人的家，并最终助其维权成功，身在其中的每一个人都笑了，郭老太太没想到讨回了10多万的赔偿款，还收到了米和油，社区也开始关照她的生活；瘫痪的孙国强说不敢想，律师能从南京赶到句容，在他的病床前拟写诉状，并最终帮他哥哥获赔40多万；要回房子的段奶奶更是笑得像一个孩子，眼里噙着泪水，听众的信任与托付，律师的公益与爱心无不令人动容。

时代的变迁，让服务越来越近，也让彼此的心贴得更近。当年背着"大皮包式"的采访机满街跑的我不曾想到"服务还能如此这般"。

▲《法治在线》送法进百家社区之南京锁金村社区，主持人高爽为孩子们庆祝"六一"，教他们如何保护自己

# 从"三无"到"三有"

## 董 婕

董婕,现主持江苏新闻广播《夜谈古今》节目。获江苏播音与主持作品一等奖、江苏省广播电视总台十大优秀主持人、江苏广播"十大优秀节目"。

2003年甫一大学毕业的我,在面临电视方向还是广播方向的选择时,毫不犹豫地选择了广播。当时广电界流传一句话:广播听江苏,尽管此话有些得罪同行,但也尽显江苏广播在行业中的地位。

学习播音主持专业的我,在新闻播报的岗位上一干就是十几年,谈不上多么游刃有余,至少可以胜任。2016年底,我生完二宝回到工作岗位,接到了一项新任务——要独立编辑录制一档带有新闻属性的文史节目《夜谈古今》。我犹豫了,无范例、无资源、无文史知识积淀,"三无产品"的我该怎么开始呢?频率总监王卫刚宽慰我说:"你大胆尝试,准备好了再开播。"虽然,没有自信,但我对心态做了调整,将自己放到新人的位置,决定从头开始。

在时任部门主任李春艳的指导下,两个月后,节目青涩地开播了。可是开播并不意味着喜悦,而是暴露更多的问题。我之前一直做新闻播报的工作,语速快、节奏强,文史节目则需要慢下来,急性子的我不得不每次录节目时写个纸条:"慢下来!"来提醒自己。后来回听节目,发现自己真正做到慢下来,已经是一年后的节目了……

我这个"三无产品"还开始了外联。我去联系了很多学界大咖,但一档新开播的节目确实影响力有限,屡被拒绝让人沮丧,好在我的沮丧总能在睡一觉后化为动力,转变思路。我联系身边出版社的好友,请她介绍一些讲课很受学生欢迎的老师,就这样,我辗转找到了毕业于南京大学历史系、如今在南京理工大学任教的李崇新老师。

约李崇新老师见面是在一个冬日的傍晚,等我坐公交车到达南理工时,他迟迟没来。瑟瑟发抖的我忍不住打电话跟我先生哭诉起来,我先生说:"要不

# 董婕

功不唐捐，玉汝于成

先回家吧?"我说:"不行,好不容易约到的!"果然挂了电话没多久,李老师急匆匆地出现了,他说老伴儿突然身体不舒服,来晚了,很不好意思地邀请我到南理工3号门的一个简餐店吃了晚饭,我们边吃边聊,就这样《夜谈古今》第一个有嘉宾访谈的系列节目《科举那些事》上马了。遗憾的是,当时连一张与李老师的工作合照都没拍。

之后,我有如神助一般,打开了社交新局面,陆续与南京大学历史系的武黎嵩老师、陈仲丹老师开展了《说宋朝》《晚清四大名臣》

▲采访南京博物院前任院长龚良

等;又与南京博物院、中国科举博物馆等文博场馆开展内容合作;江苏省方志办在了解了《夜谈古今》节目后,更是提供内容和资金支持,开展深度合作。

开听众见面会、开展传统节庆线下活动、开办文化沙龙、节目中的系列策划一个接着一个……6年的磨炼,让我有了资源、有了积累,更有了敬畏心,如何传扬我国5000年的灿烂文明,如何讲好中国传统文化故事,我将再接再厉,继续突破自我,在江苏广播文化传播的阵地上发挥积极作用。

# 小燕

打开快乐的广播之门,成就美好的广播梦想。我是幸福的江苏广播人!

# 38，我与广播的数字密码

小　燕

小燕，现主持江苏新闻综合广播《海上生明月》节目。获中国新闻奖二等奖、中国广播影视大奖提名奖、江苏广播彩虹奖一等奖。

38，于我而言，是一个有意义的幸运数字。38年前，1985年8月，我从南京师范大学外语系毕业进入江苏人民广播电台工作。机缘巧合，我从英语教学节目的忠实听众，变成了这档节目的编辑，开启了我38年的广播人生。

从业38年似乎与"外"字有缘：前22年从事外语广播，后16年又转而投入江苏的对台对外报道。2007年我转入江苏电台对台对外广播——金陵之声广播电台工作，这对人到中年的我无疑是一个重大的职业转型，也是人生的一大挑战。

为了访谈毕飞宇，其间"百折不挠"的执着，让我终身难忘：先是通读了他的小说，去南京大学听他的文学讲座，并全程录音（为节目制作搜集素材），在他获得茅盾文学奖后近乎死缠烂打的"纠缠"，终于打动了他，来到录制间接受我的专访。

节目前，我反复推敲采访方案和提问提纲；节目中，作家围绕获奖小说《推拿》，与听众分享了作品创作前后那些震撼人心又趣味十足的细节。我以饱满的热情与嘉宾交流，又巧妙地把握节目节奏，更照顾到盲人听众的感受，达到了既生动温暖又一气呵成的收听效果。

一档节目是否能给听众留下深刻印象，细节非常关键。有些细节是突然出现的，当然这会带

▲ 1986年夏录制英语教学节目

▲ 2009年11月9日采访毕飞宇

来意想不到的效果。但有些是提前策划安排的。我在读《推拿》这部小说时，看到第176页上提到"金陵之声电台"，我眼前一亮，因为访谈节目就在金陵之声播出，便决定就此列出一个问题，既能给毕飞宇一个对盲人说话的机会，又能带给盲人一些温暖。于是，整档节目最温暖人心的一点，就是节目最后部分。后来每次听，内心都会久久难以平静。

周：在读这本书的时候，我发现挺有意思的一句话，跟我们电台"金陵之声"有关。我都把它记下来了，《推拿》的第176页，这段是：为什么不举办一个教堂婚礼呢，为什么不呢？通过"金陵之声"的业务广告。

毕：哈哈，这个完全是随手写的。

周：很多盲人朋友都是我们各个电台忠实的听众。在这里，我特别想请毕飞宇老师能跟盲人朋友说几句话，可以跟他们说几句话吗？

毕：好啊。朋友们，你们好。我在北京领这个奖的时候，其实一直想找一个机会表达对你们的感谢。我想说的是，《推拿》这本书的写作，最应当感谢的人其实就是你们。因为跟你们的相处，拓展了我的生活，拓展了我的胸怀，某种程度上来讲，你们帮助我提升了我的生命，非常感谢你们！

毕飞宇以他的真诚和善良，用文字写出有关盲人的小说《推拿》，获得了中国最高文学奖之一的茅盾文学奖；我作为广播人，以真情和感动，用声音呈现的节目《毕飞宇和他的小说〈推拿〉》，获得了中国新闻奖广播访谈节目二等奖。我们以不同的方式，同样的目光，关注失去光明的那些盲人，希望给他们的内心带去一丝温暖和一缕阳光。

38年前，我是幸运的，我梦想成真；38年来，我是幸福的，作为一名江苏广播人！

# 只是当时已惘然

陈 静

陈静，现主持江苏新闻综合广播《海上生明月》节目。曾获中国广播文艺奖文学节目二等奖、中国广播影视大奖提名奖、江苏播音与主持作品奖一等奖、江苏广播彩虹奖一等奖。

1988年我从南大毕业，最后一个暑假还没过完，台里通知说你来上班吧，于是计划8月报到的我，提前入职了。

当时的文艺部很特殊，一排铁皮房加盖在办公楼的屋顶上，在等待新大楼建成启用时，这排临时建筑不知道已经存在了多少年，我来的时候已经有了包浆。黑黑的过道，两边是一间间办公室，铁制的门窗，隔墙是果绿色的板壁，红漆地面已经斑驳，相邻的办公室，板壁上割开一个洞，一架橙色拨号电话放在中间。

主任办公室，一个长得像马三立的小老头把自己埋在稿纸堆里，主任也姓马，马慎龙，文艺部所有稿件都要经他审读，可是主任眼睛不好，看稿几乎是用闻的。

没有人把领导放在眼里。这里的各路大神，各有专精。最拽的是音乐编辑，他们作曲系科班出身，专业壁垒高，个个才华横溢，有的日常还在搞创作。其中一位爱读武侠，一口扬州话，言必称小李飞刀，在普通话含量极高的电台坚持行不更名坐不改口（音）。记得那年春晚有一首歌《春天的钟》，音乐才子当即撰文分析，肯定了整首歌的创作，但指出歌词中"还有还有五分

▲ 拆除前的铁皮房

# 陈静

1993年，我有了自己的节目，《今晚最后60分》。

钟,未来希望和光明,将要敲响春天的钟",五分钟?写得太实了。

《文艺天地》是当时威震四方的名牌栏目,每天在早新闻《江苏新闻联播》之后播出,短短十几二十分钟,最新的艺文资讯,文学、音乐、影视,娓娓道来。它最早启用采编播合一的主持人,摒弃播音腔,说人话,也赢得人心,好多年里都是江苏广播的顶流。

一无所长的我,想是被盖上了文学青年的戳,成了《文艺天地》文学栏目的编辑。

1993年,以文艺部为主力,江苏文艺台成立,FM975,全天直播,精兵强将,一炮而红。回想起来,南京台的直播是从经济台开始,而江苏台则是以文艺为先声。

我也有了自己的节目,《今晚最后60分》。刚开始的时候能有多生涩呢,不敢想。只记得主任天天坐在导播室,闭目监听,温和地给建议,今天好像文字多了,可以再松一点,音乐再多点。

多年后,偶尔在路上遇见退休的主任,他还会和我说起他最近在听的节目,南京上空的电波仍然尽在掌握。小老头其实是个京戏迷,我是近些年才知道中国戏曲的博大精深,对老头这一层的钦佩后知后觉。也不知道他是从什么时候开始成了广播狂人,家里收音机好几部,能在同一时段开着不同的台,知己知彼,百战不殆,所以,他怎么可能输。

93年,我们终于搬进了新楼。铁皮屋成了我的宿舍。那些夜晚,我拎着装满磁带、CD还有稿子的塑料筐,从宿舍晃去大楼直播室,夏天的风吹起了我的头发,有一回也吹走了我的稿子,临到播出,目瞪口呆,也不知道是如何慌张地撑过了那晚的节目。

98年我从铁皮屋搬走,大概又过了一两年,它们就彻底消失了。我站在新大楼的窗口看过去,办公楼的屋顶又成了屋顶,空无一物。从无到有再到无,一个轮回。好像声音,只存在于时间里。

◀93年5月文艺台开播直播室照片 摄影杜汝淼

# 郝帅

广播这条路，我要继续自信地走下去。

# "自信的男人是男神"

郝 帅

郝帅,现主持江苏新闻广播《有话好说》《军情观察》节目。获中宣部"学习强国"平台微视频大赛三等奖。

2018年夏天,我,从中国传媒大学的校园来到江苏人民广播电台的话筒前。在四年的广播生涯中,我主持了很多节目和活动,也采访了很多人。我想分享其中对我影响最深远的一次主持经历。

2018年9月14日,刚入职没多久的我接到了第一个主持任务——到淮安涟水县余圩小学,主持一场名为"明月传情,让爱团圆"的公益特别活动。出发之前,我甚至没有听说过涟水这个地名,"余圩"两个字的准确读音也是提前百度了一下才敢确定。但是在主持完这场活动以后,我对这里和这里的孩子有了深深的感情。

这是一所典型的村镇小学,灰白的显旧的墙壁,泥色的坑洼的路面,还有

▲ 在涟水县余圩小学主持活动

一面鲜艳的五星红旗，在学校空地中央的升旗台上飘扬着。我进入教室的时候，发现所有孩子都已经坐好了，板板正正，很有秩序，眼神中也流露着期待。活动的第一个环节就让我印象深刻，四个男生分立一排，从左到右，高壮的大个儿拿着镲子，黑瘦但很精神的小个儿腰里别着腰鼓，还有两个男生略微有点腼腆，他们手里是木鱼儿和快板儿。这段演出如机关枪、连珠炮一样，诙谐，精彩。演出刚结束，我一下子就跑进了他们四个人中间，一把搂住拿木鱼儿的男生，另一只手竖出了大拇指。那一刻，我更像是他们的朋友，而不是主持人。

我后来才知道，这样的表演叫"三句半"。我后来特地找了一些"三句半"的视频，但怎么也找不到这四个男生在那天下午，在那间教室的表演中所散发的活力。

后面是教大家包冰皮月饼的环节，这会儿我跟他们才有了更多的互动。直到今天，我还记得当时的一段对话，我看那个黑瘦的小个儿很精神，也很能聊，我就问他："你怎么在台上那么自信啊？怎么做到的啊？"他痛快地答道："自信的男人是男神，我要做男神！"他还说："郝帅哥，我觉得你就是男神。"然后我们就互相搂着，像哥们儿一样，像刚出道的"男神组合"一样自拍合照。他的这句话感染了我，让我印象深刻，也潜移默化地给我后来的工作、生活注入了一股活力。

我也是后来才知道，这所学校的学生大多数都是留守儿童，他们的父母常年在外务工，每年只有春节和中秋节才能回家，有些家庭甚至中秋节也不能团聚。难怪，难怪在做冰皮月饼的时候，有个女生问我这个月饼能保质多久，她说想留两块月饼给自己的爸妈吃。难怪当我刚走进教室的时候，他们是那么期待。

经历了四年广播主持工作的历练，我修炼成"男神"了吗？这个问题很难回答。但是我可以确定的一点是，广播这条路，我要继续自信地走下去。就像当年我听到那样："自信的男人是男神！"

# 情之所系，心之永恒

## 刘 扬

刘扬，现主持江苏新闻广播《即时资讯》节目。

2003年10月某个很普通的晚上，20点，窗外飘着小雨。话筒提示的红灯亮起："大家好，我是主持人刘扬"……

半小时后，我擦拭额头上沁出的汗水，迈着有些麻木的双腿踱出直播间。尽管前辈轻声劝慰，说我表现得很好，可我依然止不住内心的兴奋和紧张。这是我，作为江苏广播的主持人，第一次走上直播台。那一年，我20岁。

19年来，我在江苏广播成长、成熟。

2006年，我参与金陵之声广播电台建台20周年活动，我当时的一项工作是负责整理留存下来的老照片。我把这些泛黄的照片从旧相册中取出，详细标注，扫描入档，再制作成幻灯片。当时的我在想，仅仅播放一些照片，是不是没什么现场效果？

纪念日当天，有人指着现场的一卷老式录音大盘磁带告诉我："当年播音组干的技术活儿，剪辑是真用剪刀剪啊！精确到毫米。几十年下来，都能当裁缝啦！"工作经验尚浅的我，似乎不太明白"真剪辑"的概念。当时已经进入数字化时代，电脑上鼠标键盘能完成的事，动什么剪刀呢？

接下来的场面让我难以忘怀。没有盛大的庆典，没有欢歌劲舞，黑白照片一张张闪回，轻柔的琴声响起，与会的一位位白发的老领导、老前辈眼中闪动着泪光……

时间闪现到2014年，这时的互联网已经进入突飞猛进的阶段。4G的广泛应用让掌上信息的传播进入快车道，微信公众号突

▲ 2003年，刚走上工作岗位的我，对未来充满期待

刘扬

坚守一份职业，不论酸甜苦辣，底色，是快乐。

飞猛进,"自媒体"成为当年的热门词汇。就在这个时候,我清晰地记得一位年迈的听众来电,他对我们的主持人和节目如数家珍,他说了一句话让我终生难忘:"现在各种网上新闻满天乱飞,不知道是真是假。只要打开收音机,听到江苏新闻广播的声音,我心里就踏实了。"

去年,我有幸参加了一个和盲校孩子一起"赏花"的活动。这些孩子,有一些格外开朗,但也有一些很内向。我带着孩子们在植物园中穿行,他们触摸着植物前铭牌上的盲文。我在旁边给他们解释,其中一个孩子听到我的声音,轻声问了一句:"你是刘扬?"我说是,他本就平淡的表情似乎凝固了。

两天后,我收到了一个信封。里面装着一朵手工制作的纸质小花,还有一张纸,上面用几乎无法辨识的字写着:"刘扬,我是你的听众。"我给盲校的老师打电话,对方说,这个孩子从小半盲,性格内向,但和盲校大部分孩子一样,都时常与广播为伴。

我说:"改天,我想再去看看他。"

江苏广播迎来了70岁的生日,而如今的我,也即将走过自己职业生涯的第一个20年。历经风雨和沉淀,不再迷惑彷徨。坚守一份职业,不论酸甜苦辣,底色,是快乐。

▶新闻人的气息在身上渐渐沉淀

# 钱遇

新来也有绽放感。

对热爱,也保有绽力感。

我的减弱,曾依旧花儿前的奋力。

# 没有一朵花，一开始便是花

钱 遇

钱遇，现主持江苏新闻广播《即时资讯》节目。作品获江苏播音与主持作品奖一等奖、江苏广播新闻奖一等奖。

1991年，小学三年级的我牵着外公的手，第一次兴奋走进西祠堂巷8号江苏广播电台的大门，当时的我是如此幸运，我写的作文被《小星星》节目选中了，让我去和《小星星》节目主持人徐众叔叔一起在节目中把作文朗读出来。也许，那时，一个当主持人梦想的小小种子便种下了。

2009年的夏天，我最喜欢的季节到来了，一样的蝉鸣，一如既往火炉一般的南京，铺满梧桐树阴下的中山东路……可那个夏天我迎来了无法言说的内心

重创。2009年的8月9日，是我正式登上主持人播音台、全省人民将会听到我声音的那一天，但紧张不安、无所适从的情绪远远盖过了激动和兴奋，上午我依旧将原有的编辑实习工作进行着，眼睛不停地瞟着隔着玻璃墙上挂在直播室顶端的电子钟，实习老师安排我直播下午1点的新闻资讯节目。时间越接近，我那未经世事的小心脏越感觉要紧张地跳出来，到现在我都能清晰地记得那呼吸急促、时间凝固的窒息感。在巨大的压力中，我恍然做梦一样坐上了渴望已久的主播椅。

10分钟的直播，我拿稿件的手不停地抖，空调打到23度的直播室却让我汗流浃背，直到播到了最后一句话"接下来请听《大林评论》"，我如释重负，整个人像泄了气的皮球一样。我低着头走出直播室，和即将上节目的大林老师擦肩而过，他忽然叫住我："声音挺好的，但这样播是不行的，咱们是面对全省听众的，新闻频率的听众是很有要求的，你要注意提高自己的新闻素养，多看多学。"说完，我都没有来得及回应，他便匆匆进了直播间。其实平时私底下除了打招呼，我很少跟他交流，我很惊讶老师在直播室外认真地听完了我那支离破碎的第一档"处子秀"，他的语气平和温柔，但我深深地感受到那份中肯和期待。

从那一刻之后，我忽然意识到自己一直困在茧里，大学专业课时被定义为"不适合新闻，是做综艺或者少儿节目的型"一直影响着我的播出状态。我从内心深处就有惧怕和不自信。当一个人不自信，动作必然变形。

找到了问题所在后，我抛掉了那些无谓的内耗，重新出发。我不断地告诉自己是一个新闻人，我有意识地经常和记者部的同事交流，听他们的采访经历，跟他们借一些关于传媒学的理论和采访案例书籍，经过一段时间的积累之后，直播时自信的状态有了，对于播报新闻有了自己的理解，"当你真正在说的时候，说明真正理解了你要播报的内容，也就自然而然地把新闻内核传达给受众了"。

转眼那个夏天便定格在记忆里，我也在西祠堂巷8号的三楼直播间整整直播了12个年头，播出了21600档《即时资讯》。我对新闻的热爱未曾减弱，也依旧保有着花儿未绽放前的奋力感。新闻主播的身份将是我此生不可磨灭的烙印，在这里，我感受到来自不同观点的碰撞后的充盈和丰满，恣意成长时一定会给与的信任和光亮。

江苏交通广播网
FM101.1 JIANGSU COMMUNICATION BROADCASTING STATION
金陵之聲
99.7
屠青
张端
静渊
王荣
郎朗
杨晓
憨憨
周宇
阿束
黄小军
关心
刘磊
文岚

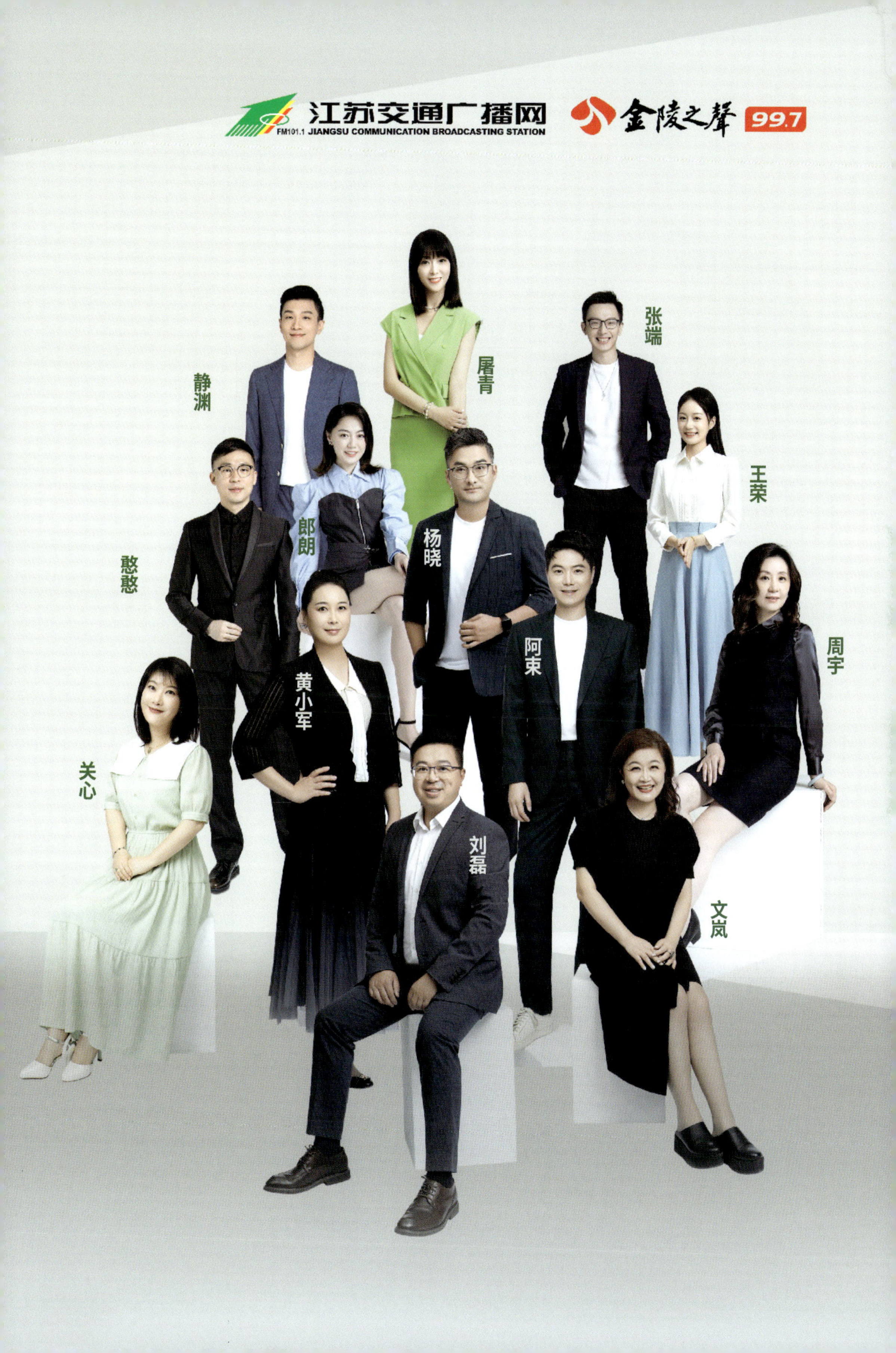

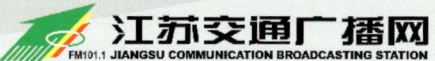

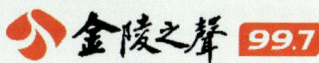

磊磊

娜娜

不看量在较量在,更体现在那些看不见的坚持上。专业不仅体现在看得见的

# 坚持，有时候比创新还难

## 磊磊、娜娜

磊磊、娜娜，现主持江苏交通广播网《嘀嘀叭叭早上好》节目。荣获江苏广电总台"十佳主持人""十大杰出员工"及主持人"金荔枝"荣誉奖，江苏广播"荣誉名牌主持人"。主持风格独树一帜，温暖而不失幽默，诙谐又真诚体贴。

《嘀嘀叭叭早上好》开播20多年了，很骄傲我们俩还是在每天早上8点，准时和你开始一天的快乐约会。不知不觉，我们已经成了江苏广播同频率、同时段、同搭档时间最久的一对主持人。

记得2006年，我们和著名的音乐DJ大卫，当时他已经是交广网的副总监了，我们仨在欧洲某个城市的喷泉旁休息，大卫问我们："作为娱乐节目主持人，未来打算怎么发展？有没有职业规划？"我们愣住了，因为说实话，我们从来没有想过什么职业规划，16年前没有，现在依旧没有，我们想的只是踏踏实实做好每一天的节目，和听众互相陪伴，一端是喜爱，一端是热爱，这样就足够了。

在这20年里，有几件事情让我们非常感动：2007年，一个淮安的高考生，考试当天早晨在出租车上丢了准考证，报警后她说，记不得车牌号，但记得司机在听《嘀嘀叭叭早上好》。于是警察迅速和节目联系，我们立刻在节目中发起寻物启示，幸运的是，司机师傅听到了节目，在开考前5分钟把准考证送到了，这孩子最后考上了北京一所很不错的大学。这场准考证"大营救"让我们知道了节目可以有这么大的能量。

2018年，有位老听众在经历了十年的东奔西走留学加工作后，从澳大利亚回到南京，觉得这座城市发生了翻天覆地的变化，已经"不认识了"，但是当他打开广播听到了我们的声音，觉得自己一下子回到了少年时代。他给我们发来消息"只要你们声音还在，就觉得一切都没有变，自己也没有老"，原来我们的节目对听众产生了这样的意义。

《嘀嘀叭叭早上好》是江苏广播第一个节目、主持人乃至粉丝、节目助理齐齐被冠名的节目，最让我们感动的是，"早饭"给我们发语音的时候，总是不忘加上自己的冠名，如果说什么是归属感，这应该就是最靠谱、最实在的归属感了吧！

前几天，一位听众在节目里分享了他对秋天的期许："小时候，秋天想的是吃到新鲜的蔬菜水果；大一些，秋天想的是与女朋友漫步在银杏树下；成年结婚后，秋天想的是和家人团聚。"我们不仅感动于他一路的成长变化，更感动于他愿意和我们分享这些个人的"小确幸"。我们的节目像家庭，如朋友，和"早饭"们在一起，不分彼此，没有任何的距离感，这是我们这20年最骄傲的收获。

还记得十几年前交广成立了艺术团，第一次在五台山演出的时候，从后台到舞台我俩走了好久好久，久到望不到头；而谁能想到，20年的光阴却走得很快很快，快到一回头我们已经是台里的前辈，但当年五台山听众炽热的呼声依旧激励着我们。所以，这20年，我们珍惜着自己的羽

▼ 2016年，磊磊、娜娜进行12小时连续户外直播，创造广播主持人直播时长纪录

▲在常熟沙家浜,我们一起寻找秋天

毛,脚踏实地认真工作,因为我们要借助羽毛,飞在城市上空,幸福听众的上班路:

"大家好,我是磊磊!"

"大家好,我是娜娜!"

"欢迎收听《嘀嘀叭叭早上好》!"

# 程鸣

只要你一直向前,总会有生生不息的希望,和不期而遇的感动。

# 永远向上，
## 永远热泪盈眶！

程 鸣

程鸣，现主持江苏交通广播网《开心方向盘》《开心后备箱》节目。多次获江苏广电总台主持人"金荔枝"奖，江苏广播"优秀主持人"称号。短视频运动达人。

我是程鸣，对！就是那个你们听了二十几年的程鸣。2001年，当我第一次被准许骑着自行车，自由出入西祠堂巷8号的时候，我热泪盈眶。这是我的第一份工作，是我一直以来梦想的工作，能以自己的爱好作为事业，这是多么幸运的一件事啊！自此，每天打开话筒，推起音乐、片头，周而复始22年。

几年前参加一个江苏省内的马拉松，赛道上，一个中年男子认出了我。

"鸣叔！"他喊我。

说实话，要不是他直勾勾地看着我，我就直接忽略了这次打招呼！你自己都开始掉头发了，你管我叫鸣叔？但是我还是很冷静地报以尬笑。

"鸣叔，我是听你节目长大的！"他穷追猛打地自我介绍。

"哈哈，谢谢，那时候，我应该算是童星吧？"机智如我。

"我上小学就听你的《车载体育场》，听过你解说中国男足十强赛。"

"哦，的确很久了，这么多年了，咱们都变了，只有男足还那样！"

"哈哈哈哈……"

突然之间，我热泪盈眶，是啊，我是从做体育节目开始主持人生涯的，那真是一段激情燃烧的岁月：五里河的十强赛，太仓的女篮世界杯，2004年熬红了双眼就为了等待刘翔那12.91秒，2008年北京奥运会，我和孙锴、陈婷，守在转播厅直播了中国队71场比赛。

凭着每天三顿的黄氏响声丸，我们解说了中

▲ 2008年，在北京奥运会现场采访

▲ 我和搭档梁爽同台说相声

国队51块金牌赛事,愣是一场没落!一段段激动人心的时刻,就像是一根时间轴,记录着我的成长。

马拉松鸣枪起跑了,粉丝说跟不上我的速度,下次有机会到南京听我们的相声。是啊,我也是个爱跑马拉松的相声演员。

2004年,我就跟梁爽搭档,共同主持一档相声脱口秀节目《开心方向盘》,那会儿两个男生搭档的节目还真不多,以北方相声为语言基础的更是寥寥无几。我跟梁爽是大学同学,一个是京油子,一个是卫嘴子。刚毕业那年,江苏交通广播网成立,我俩一起面试,曾经有一段对话,至今想起,都会让我们热泪盈眶!

要是咱俩一起选上那就好了;要是能分在一个部门那就好了;要是又能同一个办公室那就好了;要是能一起上一档节目,那就好了!

你看,梦想的实现,就是让人猝不及防。2004年的12月18日,晚高峰节目《开心方向盘》开播,主持人——程鸣、梁爽。

18年了,我们一直在下班的时候,陪着粉丝聊聊天、吹吹牛。有人曾经问,你们天天搞笑,还会觉得搞笑吗?我们说,我们搞笑,真的不是应付工作,而是我们乐在其中。在一个压力山大的年纪里,没心没肺地笑上一场,真的很难得。这就是真实的我们。

现如今,我又多了一个身份:跑马拉松的主持人,网络各大平台都可以搜到我的名字。我用我的业余爱好,收获了全网300万+的粉丝。

粉丝们说,喜欢我积极、健康、奔跑的样子。我说,跑步就像人生,你可能永远也达不到某个成绩或者某个距离,但我们只享受它的过程,就足够了。只要你一直向前,总会有生生不息的希望,和不期而遇的感动,就像我们的事业和生活,永远向上,所以永远热泪盈眶!

# 笑对人生

梁 爽

梁爽，现主持江苏交通广播网《开心方向盘》《开心后备箱》节目。多次获江苏广电总台主持人"金荔枝"奖，江苏广播"优秀主持人"称号。现为江苏省曲艺家协会副主席。

做了22年《开心方向盘》（包括其前身《欢乐正前方》），给人讲了22年的笑话，不要小看笑的力量。给大家讲个真实的故事。

2001年9月，我收到一封听众来信，是一个叫赵筱玉的淮安农村女孩写来的。刚打开信，我以为是个小学生，字歪歪扭扭，都不能排成一行，可越往后看，我的内心越不能平静。在信中，赵筱玉说，她是躺在床上用一只手把信写完的，因为一年前的一次事故，她从4楼顶坠落，醒来后，头部以下就只有一只手能动了。本来她是家里唯一的经济支柱，现在因为治病家中积蓄全部花光了，年迈的父母还要外出打工。全身瘫痪的她，唯一想到的就是死！可是，自杀对于一个只有一只手能活动的人是多么困难的事，尝试数次，都失败了。就在这时，她偶然听到收音机里传来的交广网的节目，一个傻小子整天嘻嘻哈哈，天南地北胡吹，躺在床上的赵筱玉第一次笑了。

人的脑子就是这样，一共那么大一块地方，如果都让痛苦填满了，就没地方放别的了，可你使劲腾出一点地方，快乐就又进来了。赵筱玉说她就是想写封信感谢一下那个给她脑子里塞了点快乐的人。

妈呀，在我每天"胡说八道"的时候，居然有这样一个人在流着泪听我的节目。第二天节目中我读了这封信，没想到，热线被打爆了！全省各地的听众纷纷打听这个姑娘的信息。在接下来的几天里，从苏A到苏N各种牌照的私家车、出租车，全部听着节目找去了！他们都想看望一下这个躺在床上的可怜姑娘。昆山听众许秋生，连夜赶去赵筱玉家里，给她装了一部固定电话，赵筱玉唯一能动的那只手拿起听筒就能听到各种问候和关心，她再次笑了，流着泪笑的。

你们以为故事讲完了？错！筱玉不光听到各种关爱，还有不少朴实的小伙子表

# 梁 爽

不要小看笑的力量。

▲ 2010年，交广网庆生活动上，赵筱玉流下了"久违"的泪水

示愿意照顾她的后半生，甚至还有好几个跑到她家。一个瘫痪在床的农村姑娘挑女婿的场景，恐怕古往今来也算头一遭吧！沭阳小伙子王军跟筱玉走到了一起，两个人领了结婚证，2002年3月，在王军开车从淮安接筱玉回家办婚礼的途中，我的搭档程鸣为他们主持了一场空中婚礼。筱玉说，妈妈告诉她，结婚不能哭，可是节目里她数度哽咽，但我想，这一定是带着笑的泪。

更让人想不到的是，结婚之后筱玉身体一天天好起来，先是两只手能动了，接着可以坐在轮椅上四处转转了。在2010年交广网庆生活动中，赵筱玉能走路了！虽然一瘸一拐，但她感受到了双脚踏在地面的真实与安稳，现场上万名观众感动落泪。

距离这个故事发生的日子，已经过去20年了，整天傻乐呵的我也多了些对人生的思考，借句话送给各位：别和自己过不去，因为一切都会过去；别和生活过不去，因为你还要过下去。总之一句话，还是笑对人生吧！

▼ 时代发展，广播节目的直播场景也在变化，我们来到水乡同里湿地公园进行现场直播，不变的是，我们永远给听众带去的欢笑

王丹

最初的梦想，紧握在手上。

# 忘了起点，没有终点，只接送心的过往

王 丹

> 王丹，现主持江苏交通广播网《交广早班车》节目。获"金话筒奖"播音作品提名奖、江苏播音与主持作品一等奖，多次获江苏广电总台主持人"金荔枝"奖，江苏广播"优秀主持人"。

"忘了起点，没有终点，只接送心的过往"，这是我最初做音乐节目时的一个题头。与西祠堂巷8号的缘起也是那时——百花影院两边巷子的电台里，聚集着全南京青春澎湃的音乐DJ。

2000年前后，来西祠堂巷8号溜达，大多是给调频89.7或97.5录题头，李强很客气，每次都会招待我在广播食堂吃小炒。2001年初夏又来录过一句，是一个新频率的呼号："这里是FM101.1，江苏交通广播网"。十年后，呼号的声音还在，而我也正式成了江苏交通广播网的一员。

其实，2005年夏天，我与江苏广播的"音缘"就正式开始了，FM89.7江苏音乐台是我在江苏广播的起点。节目开播的那个早晨，当车驶入中山东路的时候，我放下车窗，让车内音乐在晨光洒满的街道上飞扬："最初的梦想，紧握在手上，最想要去的地方，怎么能在半路就返航……"

我喜欢音乐，又擅长新闻播音，于是，音乐、音乐加资讯、新闻资讯……《音乐早报》《感性音乐时间》《与你同行》《交广早班车》……在音乐和新闻两类看似相差很远的节目间，我信步"闯荡"，铺路搭桥，渐渐形成了自己特有的风格，这是一种什么风格呢？我也说不好，只是有听众说，王丹，你不单新闻资讯播报好，歌选得也超级好听，也有听众说，最喜欢你这种成熟自信的声音，还有听众

▲王丹在江苏交通广播网直播室

说，你的节目听了之后真是能量满满。

在江苏广播，像我这样的主持人不多，因为每一种独特的风格只能有一个，他诙谐幽默，她温柔体贴，我们各不相同；但是，在江苏广播，像我这样的主持人又有很多，我们十数年如一日，风雨无阻，用情用心地陪伴听众，如果说我们有什么成功的密码，这恐怕就是最重要的一个。

如今我不单是一个广播主持人，也是打上了"亲子"标签的音频产品主播。有人说，王丹你很幸运，不管是广播，还是互联网，都找到了最合适你的赛道，确实，2019年初，"松鼠悦读"上线，我有幸成为第一个开发课程的主持人，《王丹的趣味地理课》《趣味历史课》实现销售过百万，现在松鼠悦读有了50万用户，超过20万付费用户，我也和"松鼠"一同成长，课程全网播放量超过2000万。其实，在互联网的赛场上，我很早就出发了，我做过微博，做过微信公众号，这些不断"触网"的经历累积成了今天这个有那么一点"网感"的王丹。

也有年轻的同事问我，王丹老师，新媒体"攻城略地"，你不害怕吗？

我能怕什么呢？

到我们节目的大蓝鲸LIVE里来看看吧！每天早晨，听众争相"打卡"，问早安、报天气、说路况……

等下了节目，我再带你到"果丹皮"微信社群里转转，我分享的一本书、一个音频故事、一件好物，在这里，大家都会"求链接"……

更不要说，节假日的线下活动……真是让我忙并快乐着。

我始终相信，好的内容一定能守住听众，甚至吸引更多的新粉丝，就像当年在大学里听我节目的年轻人，今天会开车送孩子上学，全家一起听。好的主持人在哪儿，粉丝就会在哪儿，好的内容在哪儿，用户就会在哪儿。

忘记起点，我们也没有终点，只有接送心的过往。

▼带着粉丝们一起"小黄人跑"

# 做个"新"人挺好

## 一 博

> 一博,现主持江苏交通广播网《全城热恋》节目。参与作品获中国新闻奖一等奖。江苏广电总台"十大优秀员工""内容创制杰出员工",江苏广播"优秀主持人"。

时光倏忽而过,在江苏广播的 15 年就好像只是转了个身。

### 我是"选秀"出道

传说中的世界末日在 2008 年 1 月提前到了。江苏广播金牌 DJ 大赛的全国十强(我挺厉害吧)黯淡无光地等在会议室的门口,谁说上台比赛是最紧张的?赛后见领导才可怕!真不是我们胆子小,而是听说里面坐着几十个电台最大的领导,如果没被看上就直接回家,而且他们都不会笑……

▲西祠堂巷 8 号 9 楼江苏交通广播网

那天进去之后的场景,跟想象的差不多,对面坐了满满三排,他们会不会笑,我没敢仔细看……

对了,忘了说最重要的事,那天之后,我成了江苏广播的一个"新人"。

### 一条微博的"一博"

我的第一档节目是《男生宿舍》。当我从躲在被子里听节目的学生,变成节目主持人时,你们是不是觉得我的整个世界都明亮了?

不!我感觉直播间真小!

要是能像电视一样,在一个大演播厅直播,现场还有观众,多好啊!结果……

在我上节目的第一个月,梦想就实现了!那一年《男生宿舍》在江苏广播"播 ing 网"开始了视频直播,每天深夜 11 点,西祠堂巷 8 号都会传出几十个人的笑声。

# 一博

从最初的可听,到现在的可看、可交互,我不知道我算不算坚持"初心",但我确实一直在"出新"。

◀ 我和我的历任搭档们，以及蹭照片的音频制作邱瑜老师

后来手机开始智能化，2010年领导找我谈话，让我做新节目《微博私访》，我问了一句话"微博是啥？"然后就"被迫"成为了微博的第一批用户。不到半年，粉丝数突破10万，我应该是红了吧？毕竟那时候还没有多少"僵尸粉"。直到今天，我非常不活跃的微博里，还会收到私信"当年每天都要听你的节目，一直记得'我是一博，一条微博的一博'"。

从那时开始，我开启了"交广新人"的疯狂模式——连续五年，每年换一个时段，换一档节目，换一个搭档。当时我想，什么时候才能稳定下来，不再是一个"新人"呢？

## 从"新人"到"新"人

让我感知到自己不再是一个新人的，不是进台的年限，而是我终于有了一个固定搭档：杨阳。我们合作第一档节目《一路阳光》的时候，微信开始进入大家的生活，我们开始做自己的公众号，从只有我们俩关注，到粉丝破十万，我们还不满足，决定尝尝鲜——做真人四格漫画，全不全国不知道，但肯定是江苏第一，从文本、拍摄到后期，就只有我们俩。我们玩得不亦乐乎，听众也非常喜欢。

喜欢"折腾"可能根植在我们的基因里，于是后来又有了《一博碰杨阳》，我们从广播进入网络，从主持变身主播，在大蓝鲸率先实现音视频同步直播，在抖音里试水带货。2021年，我们又有了第三个"宝贝"《全城热恋》，有了自己的社群、自己的品牌活动。2022年"520"，我们首次利用"视频连麦"的方式帮助四地青年男女线上相亲。

从最初的可听，到现在的可看、可交互，我不知道我算不算坚持"初心"，但我确实一直在"出新"。我们是广播没错，但好像又不止是广播；我是进台了很久没错，但好像还是原来的一博。你问我进台15年的感悟，我想回答你，做个新人挺好，嗯，喜欢创新的人。

杨 阳

但行好事，莫问前程。

# 相逢十载，百色千彩

杨 阳

杨阳，现主持江苏交通广播网《全城热恋》《评书有新样》节目。多次获江苏广播"优秀主持人"称号。现担任南京市曲艺家协会副主席。

懒，一直是我给周围同事的统一印象；散，从来都是我周边同行"赋予"我的特殊标签。而我个人认为吧，你们说得太对了！

我就是我，我瞅我自己都上火！

单说对着电脑屏幕码字儿这事儿吧，这是除了搬家和做数学题之外，我人生中的第三头疼的大事儿。可是幸好我是懒有度，散有限，为了江苏广播这位我尊敬而又欣赏了十年的"忘年交"，我愿沉下心来，用易懂而又平实的文字，记录我们的十年，为你们讲述我们之间的现在和从前。

2006年，刚刚毕业于中国北方曲艺学校诵说专业（也就是相声科班了）的

▲我是正经相声演员出身

▲《全城热恋》杨阳、袁一博

我,和绝大多数艺术生一样,怀揣梦想,拎着行李,带着嘱托,到北京开始了"京漂"生活。2007年机缘巧合,巡回演出来到了南京,结识了程鸣、梁爽二位先生,一京一津,豪气干云。二位盛邀我加盟他们创办的江南首家相声茶馆——《开心茶馆》。我一琢磨,到南京待着也是"京漂",没啥大区别。下雨天打孩子——闲着也是闲着。这一说就是十多年过去了。

提点、关心、教导、引荐,你们能想到所有的关照,他们哥俩几乎都给了我。既是兄长,又是良师。真正走近才会感知到,他们并不像节目中呈现的那样游戏人间,而柔和、细腻以及真诚才是他们的标签。千里马常有而伯乐不常有,简言之,若没有你们家喻户晓的"牛哥",便没有你们耳熟能详的"阳仔"。

2011年我正式加入江苏广播,成为主持人中的一员,拥有了我第一档节目《幸福社区》。这期间,实名感谢我当时的搭档安琪,给予了无限的支持和包容。良人相慰,贵人相扶,我们一起拿到了人生中第一个也是后来每年都没有缺席过的奖项——江苏广播十大名牌栏目。

那天夜里,朋友为我庆功,我哭了,哭着哭着又笑了,笑着笑着又哭了。这是成长的痛并快乐,也是经历的爱与哀愁。沉甸甸的奖杯上,恍惚中,我仿佛看到了我的朋友——江苏广播露出的欣慰笑容。

2014年,我被江苏交广网"明媒正娶"了!安排的工作"伴侣"就是年少成名、细腻温婉、聪慧善良、知书达理的大男孩儿——袁一博。

俗话说:"马勺没有不碰锅沿儿的,舌头没有不和牙打架的,脚后跟没有不撞后脑勺的!"您无论从事什么行业,有听说过搭档近十年从未有过争执的么?我们就是这么一个传奇的例子。当然,这里面绝大多数都是他的包容和无限忍让。总有一个空间和一段时间,让我舒缓情绪,控制我那东北人的暴脾气。当然,还有我的懒散性格得以疗愈,不为别的,都是他惯滴。

《天下足球》里有一句经典名言:"人生有几个十年。"而值得庆幸的是,我能把我人生中最黄金的十年奉献给我的好朋友——江苏广播。纵览人生,陪在你身边的人会变,你所热爱的事业也会或多或少地有些许变化,而不变的是当初出发的目的。

未来的无数个十年,我也会以敬畏之心,忠诚陪伴,陪伴江苏广播,陪伴收音机前每一个可爱的你。

# 你我的"音缘"

张 晨

张晨,现主持江苏交通广播网《交广双声道》节目。获江苏广电总台"十佳主持人",多次获江苏广播"优秀主持人"称号。

时间,对于年轻人来说是展望,是行动,是憧憬,对于步入中年的我来说,更多的是回忆,是总结。一如江苏电台走过70年的历程,我也在这当中留下了自己的一段印记,犹如久存的美酒,时间越长越香醇,直到今天仍然醉心于自己喜欢的这份职业。我希望能一直坐在话筒前主持节目,直到退休的那一天。

习惯了在话筒前用语言表达自己的思想,反而不太喜欢用文字记录自己的过往,于我而言,最难忘和最有价值的,是广播中用声音搭建起的世界,美好而神秘,充满了无限的想象和可能。即便在自媒体如此发达的今天,我们仍然坚守着广播,通过电波传送着对听友的一份关怀,而每天节目中听友的留言互动,让我们的坚守有了意义,我们为听友做了最有价值的事情。无论是我刚刚进江苏台时所做的谈话节目《星空夜话》《男女夜话》《来来往往》,还是汽车时代的专业类节目《汽车百事通》,以及现在正在进行的舆论监督节目《交广双声道》,我用自己的热忱、投入和专业帮助大家学习知识、疏导情感心理,或是解决问题,可以问心无愧地说我尽力了。

▲我和搭档于洋

如果问这二十多年中有什么给我留下了最深的记忆,坦率地说,不是获得的荣誉和奖励,更不是金钱和财富,而是因为电波结缘的这些听众,他们给了我最无私的关怀和信任,不离不弃,理解万岁!谁没有开始的第一次?谁没有职业生涯的青涩和坎坷?但喜欢你的人会无条件支持你、鼓励你,包容你的忐忑和失

# 张晨

我会一直坐在话筒前主持节目，直到退休的那一天。

▲ 和同事一起采访法兰克福国际车展（右为张晨）

误。主持汽车专业节目《汽车百事通》，知识的积累是需要一个过程的，在这期间难免会有知识的盲点，虽然偶尔也听到一些刺耳的话，但更多的是善意的提醒和帮助，直到让我成长起来，可以游刃有余驾驭节目、独当一面。接手《交广双声道》，节目拥有太多的荣耀，也让我承受了无比的压力，拿你去对比每一位优秀的历任主持人，监督审视你的每一句话、每一个投诉的处理，即便如我一样经验丰富、抗压力强的老主持人，也一时难以适应，但最终伴我度过这段艰难时光的，仍然是这些可爱的听友！当我听到他们说"就知道你行！"，一切付出和痛苦瞬间化为动力，快乐无比！

然而，即便有如此的骄傲和成绩，却也不得不承认不往前走便是落后，网站、微博、微信、短视频，都可以是我们的阵地，我有在广播中数十年的历练，短视频拍摄、编辑制作很快上手，我也有了自己的人设，自己的IP，在新媒体中占有自己的一席之地，尝试过网络音视频的直播，也分析研究了媒体未来的走向和特点，在此基础上探索传统广播和新媒体结合的各种可能，我觉得，未来可期！

即便步入中年如我，日渐增多的回忆和怀念，也仍然挡不住前进的脚步，有幸进入江苏广播，更骄傲70年的历史中也有我们这一辈广播人的创造。

今天的总结是为了明天更好地出发。

新起点，新征程，写在江苏广播70周年。

笃定地行走在路上，那一路的美好，执着地收获和欣喜，犹如春日里的繁花，五彩缤纷。

于洋

# 最想听见的,是你的微笑

于 洋

于洋,现主持江苏交通广播网《交广双声道》节目。节目获中国广播影视大奖提名奖。先后获江苏广电总台"十佳记者""十佳编辑",江苏广播"优秀主持人"。

时光闪回,2001年7月,阳光恣意奔放在金陵的梧桐道上,刚走出大学校门的我,经历一路"过关斩将",有幸成为即将开播的江苏交广网的第一批记者。之后的每一天,都与交广网密不可分⋯⋯

刚入职后,我是新闻调查节目《透明直播室》的记者。那时候,拿着采访机走出电台大门,总想有一天能做出几个"让业界为之一振"的选题。日子就这样过去,虽未做出什么惊天动地的大选题,却能感觉到自己的步履越发稳健。忘不了我和程鸣(你没看错,就是那个现在整天在《开心方向盘》里说笑话的程鸣)第一次暗访黑车时被黑车司机"包围"的惊心动魄,忘不了在采访全省司机为身患重症"的姐"捐款时被感动得泪流满面,忘不了在高速公路服务区被热心司机认出后把采访车围得里三层外三层时的激动不已⋯⋯

2004年,我从记者转型成为主持人,接手舆论监督节目《交广双声道》,这一做就是18年。有人说:于洋,你的声音比你同龄女孩显得成熟,骨子里透出一股抵挡不住的理性。是的,因为《交广双声道》就是要为当事双方搭建意见交流、公开对话的平台,让矛盾找到合理

▲和搭档张晨一起主持"交广富民行动"直播

▲ 2020年，省交通厅全媒体直播室正式启用，丁洋与嘉宾合影

解决的途径，所以，作为节目的主持人，我们需要的不仅仅是热情和勇气，更要客观、公正，用理性分析代替感性思维。

　　18年来，经过我们处理的选题成千上万，我经常会被人问起：于洋，给你印象最深的是哪个？很抱歉，真是太多了。《盐城长途客运站发出的大巴，你敢坐吗》独家调查播出后，引发全省交通客运企业大检查；《打白条的城管局长》，投诉人6年要不到的欠款，在报道后12个小时之内全部归还完毕，相关当事人被依法处理；常熟奔驰车主的车辆五次维修仍未解决故障，节目组介入调查，依照"汽车三包"为车主成功争取到换车的权益，成为全国首例；独家报道的《体检报告"迟发"5个月，复查已是肝癌晚期》当天登上新华社、《人民日报》、央视等媒体的微信公众号头条，阅读量在短时间内均突破10万+，190多家媒体转载，仅新浪微博"热搜"话题的阅读量就达到7000万。

　　每当听到电波中投诉人发自肺腑的道谢，每当看到更多的听众在互动平台留言，通过节目他们增强了法律意识和增添了保护自身权益的方法，那一刻，我的自豪感油然而生。也正是这18年，让我成长为一个成熟、理性、深刻的专业广播人，并执着地坚持在舆论监督节目的道路上，风雨兼程，无怨无悔。

# 我们默不默契，就看这三点

苹 果

苹果，现主持江苏交通广播网《温度生活》节目。获江苏省广播电视总台"十佳编辑"，江苏广播"优秀主持人"。

我是谁？

张苹果是我的播音名。回到2001年5月，江苏广播一个全新的频率即将上线正在社招：FM101.1江苏交通广播网。彼时，我还是某学校的音乐老师，辞职进入江苏广播既是挑战，也是机遇。

入职后我的第一项任务是广告音频制作：为客户量身定制广告文案、找到适合的人声录制、配乐剪辑形成完整音频。广告制作间隙我常常陶醉在各档节目的题头片花中，觉得那些前辈们的声音特好听。

我叫苹果，why？

一个多月后，平凡（交广网"开台"元老）告诉我，7月21号开播有一档新节目正在筹备，可以试试和他搭档。至于播音名，叫本名，不太好记。平凡说："我叫平凡，不如你也叫平什么吧。平什么呢？"讨论这话题时我正在吃苹果，就随口答："苹果"。张苹果，挺好。

生活就像一篮苹果，你永远不知道下一个是什么味道。我篡改了电影《阿甘正传》里的经典台词。人生中的一个个选择，就像篮子里的一个个苹果，尝过，才知道滋味如何。

我现在的节目是？

《温度生活》。

▲ 2022年，融媒体节目《温度生活》全新上线

# 苹果

过去、现在、未来,感谢你成为我的同伴。

《温度生活》是2022年改版新上的一档节目，我把她定义为生活美学节目。你会不会觉得生活美学离我们很远？举个例子：你逛街的时候看到一个好看的女孩，那么她除了五官端正一定还有别的什么吸引你的目光，比如散发出的气质、脸上的妆容或者服饰的搭配等等。这说明虽然你们互不相识，但在审美的某一点上达成了共识。再比如出去玩儿，看到一些风景或建筑觉得美得不得了，吃到一样东西觉得好吃得不得了，不但玩了、吃了，还要拍照拍视频，留下影像的记录。这是因为我们天然地对这些事物发生了想象，然后产生了一种愉悦感。这是具象的部分，还有抽象的部分，比如我们会做一些事情来平衡自己的情绪，会努力寻找适合自己的生活方式……这些都已经到达了美学的层面，美学源于天地万物，涵盖了我们的衣食住行。

很有意思的是，当时我写完这个节目的策划，发给一个朋友看，问他感觉如何？他说，真不错啊，还有点玄妙。我喜欢这个词：玄妙。玄在中国传统中代表的是一天的开始，太阳将要从地平线出来的时候，天空呈现出黑中透红的颜色，那一刻非常短，再晚几分钟就能看到喷薄而出的朝霞了。我想，如果我们能从睁开眼睛那刻开始，把一些感受到的细小的美好都记住，到晚上睡觉前再回味一下，会不会觉得这一天就没有虚度？记住美好，这也是设计这个节目的初衷。

2023年是江苏广播开播70周年，70年媒体格局不断改变。我一直觉得广播更有一种温度感，一种媒体和听众之间产生的情怀，类似家人、朋友。每一次活动现场的相遇，每一个旅行目的地的结伴同行，都让原本模糊的面容清晰可见。在江苏广播的时光，真正写成文字的，连冰山一角都算不上。这是一个汇聚希望的地方，我在这里种下希望的种子，抚养它，让它长大，绽放出生命的果实。过去、现在、未来，感谢你成为我的同伴，这是我高兴的，也是我荣幸的事。

▲ 2022年1月1日，在南通启东直播，迎接新年的第一缕阳光

▲ 走出直播室，感受美的生活

趣年工己疲就
当兴几的自
成为十日让
如一，此
作乐，其
的实
是责任。

杨晓

# 爱车，有道

## 杨 晓

杨晓，现主持江苏交通广播网《1011车世界》、金陵之声《爱车帮》节目。获江苏广电总台"十佳记者"，多次获江苏广播"优秀主持人"。

## 缘起

2005年，是大家熟悉的"选秀元年"，那时候的我怎么也没想到，一年后的2006年，我通过电视直播的全国主持人"选秀"活动来到南京，进入江苏广播工作。

2007年1月1日，我背着一个双肩包，迈进了"西祠堂巷8号"的大门，直到今天。

## 成长

刚到"西祠堂巷8号"工作的前两年，娱乐类、资讯类、音乐类、体育类、财经类、健康类……我几乎做遍了所有的节目类型，也正是这两年的历练让我适应了江苏的广播受众环境，让我了解了听众的需求，这才有了后来和南燕搭档主持，连续几年获得广播优秀节目的《天天养生》。

▶ 不论是家用车还是赛车，亲身的体验才能获得最有价值的内容产出

2009年，BBS上玩"车友会"的热度达到巅峰，南京街头很多私家车的车尾都贴着各种"会标"。这一年，我策划的汽车文化类节目《汽车部落》正式在FM99.7开播，我邀请所有热门车友会的车友上节目，聊丰富多彩的有车生活，从此我主持的节目类型多了一个——"汽车节目"。之后的13年，大家能记住我的几乎只有一件事——他是汽车节目主持人！

## 交广

▲ 与8届格莱美音乐奖、2届艾美奖得主，传奇音频工程师Elliot Scheiner一起测试ELS汽车音响系统

每个人小时候都有梦想，我的梦想是长大后可以做一名大货车司机（那时候十分羡慕大货车司机可以开车去任何地方）或者赛车手，最好每天都能和汽车打交道！因为工作原因，这些年我几乎开遍了路上能看到的所有家用车，去了国内绝大部分的汽车工厂参观学习汽车设计、生产、测试全过程，还通过考试获得了赛车执照，所以交广是我圆梦的地方。

总有人说我是幸运的。每个人都有自己的兴趣爱好，比如唱歌、跳舞、钓鱼、养花，但是真正所从事的工作恰恰是自己兴趣所在的，少之又少。这就像对一个女生一见钟情，一次表白就被对方欣然接受，这是何等的幸运。不过，也有人问我，每天聊几个小时的汽车，你有那么多话说吗？当爱车这个兴趣，真正成为十几年如一日的工作，让自己"乐此不疲"的，其实就是责任了。

## 不惑

在江苏广播70岁生日的时候，我也进入人生的"不惑"之年。这十几年，中国汽车行业变了，从一张白纸，到如今汽车产量全球第一，出口量世界第二，于是我在节目里加大了优质国产汽车的介绍与解析；听众需求变了，新能源车技术迅速发展，节目里关于新技术的提问越来越多，过去积累的知识不够了，于是我开始重新学习，帮用户寻找新痛点；收听方式变了，曾经守着收音机，现在都是各种APP，如何让老听众继续喜爱？让新听众建立信任？四十不惑，如何不惑？

## 未来

保持学习，保持谦逊，保持好奇，保持热爱！

# 别羡慕，我只是把爱好当职业而已

龚 振

龚振，现主持江苏交通广播网《1011车世界》节目。获江苏广电总台"十佳记者"，多次获江苏广播"优秀主持人"称号。

故事都是从好奇心开始。

那会儿是广播的黄金年代，家里收音机里传出的声音或娓娓道来，或激情洋溢，一首首传唱的歌陪伴我到今天，而背后那些声音好听的DJ们也相当神秘，总让人想一窥究竟。

大学毕业后试着往江苏广播投送简历，幸运的是没多久就在江苏音乐台拥有了宝贵的上岗机会，我也试着和其他主持人一样，右手拎一个装满CD的篮子，昂首走进4楼直播室，给CD排个序号推上音频轨道开始一天节目的播出。我学着从发声语调上模仿自己喜欢的主持人，像模像样地说着那些貌似成熟的话，然后等待一条条短信，等待听众的关注和鼓励。

那是大学生涯的结束，也是广播梦开始的地方。

七年音乐节目的锤炼培养了我很好的对象感和节目品味，2008年，我进入生活广播开始了全新的节目《夜金陵》，这档晚间的生活服务类节目让我明白听众需要音乐，也需要能落地的服务，于是我有意识地寻找本地演出、电影资源，为节目积累素材和营销渠道，开拓眼界的同时也积累了至今仍然受益的人脉关系。

夏目漱石在《人间处方》中说，每一种工作，都有它存在的意义，要把

▲ 江苏省醉驾入刑十周年活动现场主持

# 龚振

大多数人是无法靠喜欢的事情养活自己，很幸运我做着喜欢的事情并度过了自己最好的青春年华。

一份工作做到极致，必须提高自己的认知和技术，投入更多创意巧思，用尽全部精力去为某个群体提高天花板。

2009年我进入交通广播，也正式找到了自己愿意为之奋斗并希望做到极致的方向——汽车。感谢领导让我和当时的代理公司共同完成一档节目《爱车天天汇》，这是一档服务全省车友的脱口秀节目。本以为凭借着少年时对汽车杂志的广泛阅读以及对机械天生的兴趣，可以闯出一番天地，却发现如日中天的汽车行业门槛极高，而自己掌握的知识仅是皮毛，与车企经销商的对话也过于粗浅，对待听众的服务更是力不从心。

也正是认识到自己的不足，我开始潜心钻研认真学习，每天通过大量阅读汽车新闻了解行业前沿信息，通过系统学习理论知识建立对汽车专业的认知，通过和行业资深人士的沟通了解思维方式，然后自己顺利考取了国家旧机动车高级评估师资格，成为江苏省质量技术监督局汽车三包协会专家库成员，多次采访和报道国内大型车展，并与车企的高层直接对话且受到认可……

现在我和搭档杨晓主持的节目叫《1011车世界》，取这个名字就是希望可以在FM101.1江苏交通广播网的平台上呈现整个汽车世界的精彩，搭建服务于车企和听众之间的桥梁。每天节目互动量很大而且信息质量高，通过节目购车人群上万，用车咨询更是数不清，我们也建立了自己的专家库，并成功地开展了四期江苏新能源车主调查活动，做了多场车展线上直播，还有更多策划正在路上。

可能绝大多数人是无法靠做喜欢的事情养活自己，很荣幸我做着喜欢的事情并度过了自己最好的青春年华，江苏广播的70年我陪伴了近19年，早已不是当初那个少年的我，会继续贡献自己的力量，伴随江苏广播走入下一段精彩时光。

▼江苏交通广播网第四届汽车露营大会现场演出

# 吕杰

用真心面对话筒,用真情对待听众。

# 为了你的一路平安

吕 杰

吕杰，现主持江苏交通广播网《一路平安》节目。节目获江苏省广播电视总台优秀栏目奖。参与创作作品获中国新闻奖二等奖。

"一路平安，每天相伴，我是吕杰。"一眨眼，这句开场白说了整整五年，我也已经在江苏交通广播网工作了整整九年。

还记得2013年夏天，刚刚硕士毕业的我，怀着满腔热情和满脑好奇走进梦寐以求的江苏广播大院。是的，从小学时的广播不离手，到中学时代萌生走进广播、成为主持人的念头，再到大学乃至研究生时期的科班学习，这一切的一切，都是希望有朝一日，可以像今天这样介绍自己："大家好，我是主持人吕杰。"

刚入台时我曾做过半年记者，跑过两会，熬夜蹲守过隧道施工现场，穿梭在重大节假日的拥堵车流中，这些体验都让我真实感受到新闻采访时效性、真实性的重要性；2014年我成为交广网第一个高速路况叨叨妹（路况播报员），路况播报让我越发了解车友对于即时、权威、专业服务资讯的渴求；2015年江苏交通广播网正式被省政府授予"江苏应急广播"称号，我也从2016年1月成为《应急资讯》《应急讲堂》节目主持人，我深深体会到：越是突发危急时刻，作为主流媒体人，越要具备从鱼龙混杂的海量信息中清晰辨别、高效摘取出正确、有效信息的能力……非常感谢这些工作经历，让我从2017年4月17日成为《一路平安》主持人后，业务更全面、视角更多元、与听众的心贴得更近。

《一路平安》是江苏省广播电视总台与江苏省公安厅交警总队联合重点打造的一档全媒体专业交通交管服务栏目，和42位来自全省13个设区市的警官主持人，用交警查处的典型事故险情、以案说法，增强公民文明守法出行的意识。在节目中，我既注重第一时间发布案情、警情，也注重听指挥守底线，不抢发抢报，不用恶性案件博眼球；节目既体现专业性，也努力做到接地气，将专业术语转化成群众听得懂、喜欢听的内容；在直播时，通过大蓝鲸LIVE同步呈现警方提供的视频，引导听众由收听转变为融媒体互动参与。合作方江苏交警称赞我们的节目是"联系群众、服务百姓的重要窗口"。

作为节目主持人，五年的《一路平安》，最深的感悟浓缩成八个字："多说一句、救人一命"。2021年4月15日中午，江苏常熟一辆轿车3秒内连撞路口、严重侧翻，交警赶到现场施救后，驾驶人吴先生却一直不停感谢FM101.1《一路平安》，这是为什么呢？吴先生说，虽然自己是驾龄超过10年的老司机，但是一直觉得在市区驾车不系安全带没什么问题，可在事发前，恰巧他听到我们节目中说到事故当事人因为系好安全带化险为夷、保住性命，所以吴先生下意识地也给自己系上了安全带。没想到，仅仅几分钟后，安全带就真的在危急时刻成为广播中说的"保命神器"，救了他的生命！作为每天提醒"一盔一带、安全常在"的我，得知此事后，既震惊，也欣慰，更让我明白了，在节目中所说的每句话都是有意义、有责任的，也再一次让我坚定在今后的主持生涯中，用真心面对话筒，用真情对待听众。

▲ 2021年12月2日，江苏省第十个"全国交通安全日"主题活动暨全省冬季农村交通安全巡回宣讲启动仪式，与交警一同宣讲、科普交通安全

# 我想跟你交个朋友

刘 磊

刘磊,现主持江苏交通广播网《嘀嘀叭叭去旅行》节目。获江苏广播"优秀主持人"称号。

1999年,19岁的我因为参加唱歌比赛交了几个朋友,他们喊我参加了电台举办的DJ选拔赛。虽然止步复赛,但从此我对广播产生了浓厚的兴趣。2001年9月,我坐上绿皮火车去苏州实习,那时候火车很慢,一坐就是半天。初到苏州住在苏州图书馆对面的巷子里,记忆里非常清晰的一个画面是:早上起来,把收音机放在水池边洗脸,听磊磊、娜娜的《嘀嘀叭叭早上好》,那个时候江苏交广网刚刚开播。

2002年,江苏经济台新频点招人,我终于正式入职江苏广播,大家开始设计节目,我设计了旅游节目,当时就是想出去玩,谁不想呢?我觉得做旅游节目是必须要走出去的,只有实地看过之后,才能告诉听众世界是怎么样的。就这样,我走遍中国、走遍世界的脚步开始了。

2013年,我成了江苏嘀嘀叭叭国际旅游有限公司的总经理,程鸣、梁爽喜

▲ 2016年西藏天路之旅自驾途径然乌湖

我有一个"野心"，国道318、219、315……我想把中国的景观大道分享给每一个梦想在路上的人。

刘磊

▲ "房车电台"开进云南

欢在节目调侃的"刘经理"。"抠门"是真的,我带着听众自驾,当然想让他们用最少的钱享受到最棒的旅程。"怕老婆"也是真的,这些年我一年有超过200天在外面,感恩妻子在家庭里的付出和担当。

2006年7月,青藏铁路正式通车,作为随行记者的我,第一次踏上了雪域高原。2009年,我第一次自驾318国道进藏。此后的13年间,我36次进藏,无论是318,还是109,或是219,没有我不熟悉的。2019年,我想做一件江苏广播没人做过的事情,把我这些年旅游西藏的所有经验和进藏道路上的所有资源,打磨成一个产品,以普惠的价格分享给更多人,让很多人去西藏的梦想变得触手可及,让拉萨成为一个可以说走就走的地方。于是,"西藏天路之旅"诞生了,感谢江苏广播的超强影响力,第一季推出就有超过2500人报名。这三年我和江苏广播的主持人带领了超过5000人走进西藏,更多的人因为天路之旅成为我的新朋友。

西藏之后,更多的呼声是带我们去新疆吧,天山南北好风光,于是"新疆丝路之旅"随之开启了。我们带着听众在那拉提草原骑马,在独库公路自驾,在塔克拉玛干沙漠徒步……江苏广播不仅仅是说给你听,更要带着你玩。

我们的旅游节目也在不断拓展出新,《嘀嘀叭叭去旅行》"房车电台"应运而生,我们把直播室搬到了户外,房车开到哪里,我们就在哪里直播,传统广播节目变成了全媒体的展示舞台。我也成为了一名网红博主,在抖音、快手、小红书,你都可以找到"老刘游记"的踪影,我是旅游节目主持人,我也是一个有着21年旅游从业经验的自驾达人,我要把我所知道的旅行攻略拍给你看。

我有一个"野心",318、219、315……我想把中国的景观大道全部写成书,拍成视频,录制成一个个精彩的旅途故事,分享给每一个梦想在路上的人。

我是刘磊,你愿意和我交个朋友吗?

# 憨憨

一次次难忘的"应急"时刻，让我们与听众的心贴得更紧。

# 有爱相伴的路上

憨 憨

憨憨，现主持江苏交通广播网《嘀嘀叭叭去旅行》节目。获江苏广播"优秀主持人"称号。

2007年3月初，我们突然接到沈阳方面的求助，28名高考艺术考生被56年来最大一次暴风雪困在当地机场两天，而位于南京的中国美术学院报考点宁海中学已经要到截止时间了。正在直播的我们立刻打破常态节目，呼吁收音机前的"的哥""的姐"集合，出发机场，接考生们去报名。

我们的记者也和中国美术学院联系，为考生赢得更多时间。中国美术学院首次破例，报名时间几次延迟，最终放宽到考生何时到，报名何时结束！

我们在节目中征召10辆免费出租车，没想到下午15：40，集中在雨花台南大门的出租车，车头接着车尾，排出了100多米长、30多米宽的车阵，机场高速高架桥下，也停了一长排的出租车，总数超过100辆。

同事驾驶的江苏交广网采访车刚到达现场，准备给司机发号编组，"轰"的一声，十几个"的哥"挤上去，紧紧扒住车窗，索要编号牌。有些心急的司机不管有没有编组号牌，开车直奔机场高速。

苏A79911"的哥"严荣飞在人堆里挤了半天，硬是没能进入10辆车的编组里。"我是第四个到广场的啊！"严师傅说，下午3点左右，听到广播消息，他立即赶到集合地点，可10分钟后，广场上就聚满了车。

大件公司叶师傅很郁闷，因为他也没拿到编号牌。叶师傅说，从下午3点到报名时间，参加爱心接考生的司机要损失120到150元的营收，还得倒贴油费，可是大家都不在乎。

在直播室的我们，不断地和前方记者、的哥的姐连线，将一个个感人的瞬间分享给全省的听众。

16：22，"爱心送考队"驶进机场高速收费站。尽管只有10辆车领到了"爱心送考队"的牌子，但仍旧有18辆出租车不肯离去。机场高速也加入了爱心接力，全部免费放行。

16:35,28辆的士向机场出发。

16:45,"爱心送考队"驶到了机场大厅出口处,客管处的工作人员把车一辆辆编队停好。

17:10,接机大厅里响起了沈阳飞南京的638Y到达的消息,交广记者和爱心司机举起了红色的"欢迎来自大连考生"的牌子。

一名学生家长迫不及待地拨通了我们的直播电话:"飞机还在滑行,我们到了!"

我安慰他:"您别急,我们都安排好了,报名点也说好了,什么时候到都能报名!"

17:26,大连考生们出来了,疲惫不堪的脸上挂着笑容。

17:44,"爱心送考队"起程了。暮色中,警车引导,长长的车队打着双跳,往城区驶来。

19:01,车队来到宁海中学,报名点排起了长队,但不管排多长时间,他们不再焦急无望。

节目结束前,我问一位考生:"这次大雪,会不会给你们考试带来压力?"孩子肯定地说:"不会,因为南京给了我们信心,我们会努力的。"

2015年,江苏交通广播网被省政府命名为"江苏应急广播",冰雪应急、台风应急、大雾应急……开播22年来,每一个 "应急"时刻,都有我们的身影。也正是这一次次难忘的"应急",让我们与听众的心贴得更紧。有爱相伴,一路同行。

▲ 2018年1月25日,南京城下起大雪,天没亮,我们就和志愿者一起上路扫雪,为环卫工人送去早饭

# 心之所向，无问西东

郎 朗

郎朗，现主持江苏交通广播网、金陵之声《嘀嘀叭叭去旅行》节目。江苏广播"新锐主持人"。美食短视频达人。

2018年的夏天，一个新疆姑娘拎着行李箱从西北城市乌鲁木齐，来到了4000公里外的南京。在这儿，她面对着并不陌生的话筒，开启了自己并不熟悉的电台主持人工作。

是的，那个新疆姑娘就是我，我叫郎朗，一个曾经的电视节目主持人，现在，我是一个广播主持人。

还记得来江苏广播的第一档节目：FM99.7金陵之声的《美好假日》，没错，是一档只有在周末播出的假日节目。曾经向往的电台主播工作，在真正开始投入其中，开始筹备、制作、播出的时候，首先变成了一份份密密麻麻的A4文稿。

节目步入正轨，我也开始在南京探索、拓展自己的地图，美食就变成我了解这座城市最直接的方式。下节目后，在南京梧桐叶的树阴下骑着单车走街串

# 郎朗

无论是在路上，还是在生活，都要相信身边总有美好发生。

巷，细品着皮肚面和新疆拌面浇头的不同，鸭油酥烧饼确实比新疆馕饼要更香……而我没想到的是，也就在半年后，我从一个人吃竟然变成了带着一群人吃。

2019年3月11日，江苏广播一个全新的节目开播了——《全城食物恋》，一档美食晚高峰节目，我也迎来了电台工作中第一个搭档成杰思老师。一个人吃的叫饲料，两个人吃的是味道，一群人吃的就是"浪吃团"。我们找了一群志同道合同样爱吃的人：从第一个也就200多人的浪吃群，到后来3个群总人数有1500人，从第一场线下浪吃活动的7个人，到50多号人一起坐着大巴车去高淳吃大闸蟹，我带着浪吃群吃了54场、跟上千人一起打卡各地美食。"浪吃团"也成了江苏广播第一个被冠名的社群，我也成为了同事口中的美食活地图。

2020年，在频率的支持下，我开启了我的美食探店类短视频的探索之旅，美食版图从南京也扩大到了全江苏，去兴化吃猪头肉、去洪泽湖吃大闸蟹、在启东的吕四渔港挑选最鲜美的小眼睛带鱼，别人对我的介绍也从电台主播，加上了抖音博主，更多的人从抖音知道了江苏广播有一个美食主播郎朗。

2022年我加入了《嘀嘀叭叭去旅行》节目：美食+旅行，全新的"房车电台"模式把直播室搬到湿地里，搬到了古镇中，甚至还搬到了两千多米海拔的半山腰。我吃的足迹也走出了江苏，走向了全国各地。

"世界与你，不期而遇"——这句话是我们节目的宣传语，如约而至是美好，不期而遇是幸运。无论是在路上，还是在生活，都要相信身边总有美好发生。

从2018年到2022年，几番节目变换，我对话筒越来越喜爱，几次搬家，我对南京也越来越亲近。

时间回到2018年，一个新疆姑娘从西北，一路向东来到了南京，那个时候，她的心里就坚信着：心之所向，无问东西。

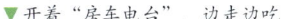
▼ 开着"房车电台"，边走边吃

# 言亮

新的概念不断刷新一个老广播人的认知,唯有保持终身学习的能力,保持对新事物的热情,才有可能在新格局下,继续挖掘声音的价值。

# 我和广播那些事儿

言 亮

言亮，现主持江苏交通广播网《交广晚班车》节目。多次获江苏广播"优秀主持人"称号。作品获江苏广播新闻奖一等奖。

## 1996 年 9 月

老爸在家闲得无聊，把家里一个很大很旧的老收音机捣鼓出了声音，高兴地对我说：以后可以听广播了。老爸每天准点收听，我就跟着被动收听。直到有一天中午，我听到一个中年男人在广播里逻辑缜密、并不乏激情地评论新闻，很意外、很新鲜。于是，生平第一次迷恋上一档广播节目，对主持人的渊博、深刻、犀利、幽默，佩服得五体投地，于是，从那个时候开始，心里隐隐有了这样一个念头：我也很想成为这样的人。

## 2007 年 3 月

正式加入江苏广播交通频率以后，分配给我的任务是，每周完成两篇播出时长为半小时的新闻调查专稿，同时，还要完成日常突发新闻事件的现场报道。

当时新闻部有一档主打节目，叫《新闻调查》，听名字就知道，是一档充满了调查、暗访的节目，大夏天的，我在南京江北一个工地上暴晒了一下午，就为了采访一个开发商延期交房的事情；大冬天的，我潜伏在黑网吧里，观察来上网的未成年人；大半夜的，为了暗访洗头房，差点被暴打一顿……

## 2022 年 5 月

我又一次主持"博物馆奇妙夜"的现场直播。每年在这个节目里，都要对话 4 位以上博物馆的专家学者，包括像原南博院长龚良先生这样的大家，我们会一起解读今年的国际博物馆日的主题，介绍南博当季特展以及背后的策展思路等等，这些专业的内容，要求主持人必须保持自我学习能力，尽管在文本准备阶段可以提前对话题和背景做足功课，但是广播直播节目天然自带的"脱口秀"属

▲ 和王丹一起主持"传统文化开学第一课"

性，在直播中，要让访谈嘉宾找到最自然的语言状态，发掘他的高光时刻，必然要求围绕嘉宾，有话题的延展，这时候就对主持人的知识储备和话题把控能力提出了很高的要求。历史学和博物馆学是硬功夫，除了大量的阅读提前去学习相关的背景资料，没有捷径可走。博物馆奇妙夜 7 年了，7 年中，作为主持人，我也逼着自己阅读大量的历史和文化相关书籍。而面对当下媒体融合传播的要求，这些知识储备又在自己做互联网音视频产品时，无形中发挥了巨大的作用。

## 最后的话

江苏广播即将迎来开播 70 周年，此刻传媒的格局已经发生了巨大的变化，优质内容不再会被时间和空间所限制，精品的音视频内容成为稀缺产品……江苏广播的积淀在此刻成为了传媒竞争格局的关键，知识付费、播客、音视频同步直播……这些新兴的概念不断刷新一个老广播人的认知，唯有保持终身学习的能力，保持对新事物的热情，才有可能在新格局下，继续去挖掘声音的价值……

以上是我 18 年广播职业生涯当中的一些只言片语。时间总会冲淡很多东西，也会沉淀下一些东西。在江苏广播 70 周岁之际，想告诉我们的听众，江苏广播，他是一个媒体，一个信息处理发布平台，同时，他也记录着江苏广播人的喜怒哀乐，希望你愿意和我一样，永远爱她……

▶ 主持 2021 知识跨年大会

# 热爱,向来值得

王 荣

王荣,现主持江苏交通广播网《交广晚班车》节目。参与创作作品获中国新闻奖二等奖。江苏省广电总台"活力新人"。

身处不同的媒体时代,每代人都有属于自己的时代命题。我们这代广播人面对着:新与旧之间、冲击与融合之间的多重选择……每一次选择,都得衡量一番。

## "尝试"是值得,"犯错"也是值得

2020年的7月我正式加入到江苏交通广播,成为了这一代广播人。那一年发生了很多事,我从佛城西路8号(河海大学)到了西祠堂巷8号,江苏广播成了我在毕业季中稳定方向的锚。在学生身份向新人主播的转变中,不适、忧虑、患得患失一起向我袭来,令人招架不住自我怀疑:

▲ 2020年秋 交广开播20年"撞福星"活动

第一次独立操台时汗流如注,稿件上整整齐齐码好的文字一瞬间全跳跃了起来无法阅读,情急之中脱口而出了一句"梅德赛斯奔驰";第一次外出采访时怯声怯气,明明是统计早高峰十字路口的"一盔一带"情况,却手忙脚乱地拦下一位骑电动车送孩子上学的母亲问道:"你们怎么不系安全带"……

太多的"尝试",不乏"犯错"的经历,不知道从哪一次开始,渐渐和"犯错"产生了情感共鸣。在沮丧懊恼后发现,于职场新人而言,"犯错"并不那么可怕,因为下一次做好,便好。

# 王 荣

追梦、予诚,择一业而勤一生。

▶ 2022年夏 与开播22年的
江苏交通广播网合个影

## "有用"是值得，"无用"也是值得

在交通广播部有个传统，年底的时候，孙锴总监会找每个人谈谈心。轮到和我"谈心"，他说，"快速的成长是建立在定期复盘的基础上。"于是我听歌入睡的习惯改了，改成临睡前自问自答领导老师们一个个棘手的问题：比如 "坐着播的文稿和站着说的台本区别在哪？"（刘佳副总监）；"到底该怎么回听自己的节目？"（节目部一博主任）；"什么是要有钝感力？"（搭档言亮老师）……

这些"有用"的话，丰富着我的职场感悟，修正着我的人生体验。我珍惜每一个"出去看看"的机会。去大别山深处感受革命老区发展变化；去甘肃定西以连霍高速路上老司机的视角看脱贫致富；去跨年知识大会现场聆听"上天入海"的中国故事 ……这些"在场"与"前往"，看似与主持人身份无关，显得有些"无用"，却构建了我对这份职业最细微的感知，"有用"是值得，"无用"也是值得。

## 选择心中热爱，就是"值得"

回到开头的那个问题，什么是值得？作为新一代广播人，坚守值得，创新值得，选择心中热爱就是值得。我的"值得定律"，无问对错，只关乎一个选择。我庆幸，我的选择是江苏广播。

入职两年，我拿到了期盼已久的《播音员主持人证》；在江苏广播"党史青年说"演讲比赛中拿到了第一个奖项；拥有了自己的第一档广播节目《交广晚班车》；甚至还通过了南京市红十字会救护员考核……

2023年是江苏广播的第70年，也是我故事的第三年。

我们，来日方长。

# 陈婷

我希望体育节目不仅是专业的，更是有态度、有温度的，将体育的能量传递给每一位听众。

# 有一种热爱，叫体育

陈 婷

陈婷，现主持江苏交通广播网《天下体坛》节目。作品获中国新闻奖一等奖、江苏广播新闻奖、江苏播音与主持作品奖一等奖，获江苏广电总台"十佳记者"。

"各位听众晚上好，欢迎收听 FM101.1《天下体坛》，我是陈婷……"今年是我成为江苏广播主持人的第 20 个年头，关于我和江苏广播的故事，是一段 20 年不变的热爱。

2001 年 7 月，北京申奥成功，当时还是学生的我就在心里做了一个奥运梦，梦想着自己能成为一名体育记者，采访北京奥运。2002 年，我幸运地进入江苏广播，成为一名体育节目主持人、记者，也正是江苏广播这个平台，给了我实现梦想的机会。

2008 年 8 月，北京奥运会盛大开幕，我作为江苏广播奥运报道团的一员，踏上了自己的首次奥运报道之旅。奥运期间，通过连线报道、录音报道、广播直播，我和团队伙伴记录了中国体育代表团的一个个辉煌时刻——中国乒乓梦之队一枝独秀上演包揽好戏；中国体操男团卧薪尝胆后重回巅峰，帅气剑客仲满实现中国男子击剑金牌零的突破……结束奥运报道走出 MPC（主新闻中心），我感慨万千，也许我的首次奥运报道并不完美，却是我拼尽全力、不辱使命的一次采访。

▲ 2008 年北京奥运会，在鸟巢采访

▲ 2019年，主持《百桥飞架新跨越》现场直播，该作品获第30届中国新闻奖一等奖、2019-2020年度中国广播电视大奖

2016年，我作为江苏广播的特派记者，只身一人飞往巴西里约热内卢，开启我的第二次奥运报道之旅。和8年前报道北京奥运会相比，我遇到了新的挑战——在融媒体背景下，如何从传统广播的声音记录，到运用新的技术手段和表现形式，通过声音、图片、视频，在广播、APP、微博、微信等平台，呈现更加精彩纷呈、生动实时的奥运赛场。在女排决赛现场，我第一时间在电波中，用最激动兴奋的声音直播女排夺冠的消息，用视频记录了郎平指导和惠若琪、龚翔宇等女排姑娘们纵情欢呼、喜极而泣的画面，记录了现场中国球迷挥舞五星红旗、齐声高唱国歌的场景……毫无疑问，报道手段的丰富，让江苏广播的奥运报道不再只是听得见，更能看得见。

作为一名体育主持人、记者，我也习惯了像运动员一样，用大赛来记录自己的职业生涯。20年来，我先后采访了2届奥运会、3届亚运会、4届全运会，还有各单项世锦赛和大大小小的很多比赛，每一次的体育报道，都是我在这个职业中奔走和成长的足迹；20年来，我采访了很多优秀的教练员、运动员：郎平、姚明、王海滨、孔令辉、马龙、刘翔、孙玥、赵蕊蕊、黄旭……还和他们不少人成为好朋友，我不仅见证了他们在赛场上的高光时刻，也用心讲述着他们的故事，讲述着他们身上那种从容不迫的力量、那种知难而上的劲头、那种历经风浪也始终心怀热爱不忘初心的执着；20年来，我用心对待每一档节目，我期待体育节目不仅是专业的，更是有态度、有温度的，能将体育的精神、运动的能量传递给听众，让我们有勇气面对挑战，做更好的自己。

唯有热爱可抵岁月漫长，关于我和江苏广播的故事未完待续……

# 《男生宿舍》，你心灵深处永远的家

成杰思

成杰思，现主持江苏交通广播网《男生宿舍》节目。节目获江苏广播"十大名牌节目"。现任江苏省羽毛球协会副主席。

作为一档整整二十年的节目，《男生宿舍》的潜在影响似乎不停地刷新我的认知，有时候我也不清楚，到底应该怎么定位这档节目，我只知道，它陪伴了很多年轻人的成长。

经常会有貌似中年的朋友跑过来说："我是听你的节目长大的……"我又开心又难过，开心的是节目影响力真的很大，难过的是那我岂不是更老？

经常有网友私信我，说某某台搞了个什么活动，这不就是在模仿你们当年吗？我又开心又难过，开心的是《男生宿舍》一直敢为人先敢想敢做，很多新形式新创意都做得风风火火，后来者难免被人误解为模仿，难过的是时过境迁，现在要想再立潮头，似乎很难再现当年无往而不利的风采。

每次开抖音直播，就像是一次寻人启事，大家先是惊讶成杰思还在啊，然后就问节目还有吗？最后就会问出一长串名字……我又开心又难过，开心的是大数据总能让老舍友找到我们，难过的是他们也没给我刷嘉年华——不是，难过的是，他们问的名字貌似每个都发展得比我好（哈哈哈哈）。

现在很多晚会、综艺，随便一打眼，就能发现参加过《男生宿舍》系列比赛的熟悉面孔，时至今日，当年的很多年轻人对于自己的青

▲《男生宿舍》最资深的主持人成杰思和最年轻的主持人张端

# 成杰思

我也不清楚,应该怎么定位这档节目,我只知道,它陪伴了很多年轻人的成长。

▲ 2022年9月，主持中国黄海开渔节，为当地渔民助力

▲《男生宿舍》"元老"主持人再度合体——我（左）和孙锴（右）一起助农直播

春与《男生宿舍》有过的连接，依旧激动不已。

安徽听友是我们庞大的舍友群体中独特的组成部分，经常能接到长大了的他们发来邀请，去安徽跟他们聚一聚，他们说因为《男生宿舍》对南京充满好感，我也很感动。

我们拥有经久不衰的校园体系，我们的校园社团组织联系渠道和能力一直都维护得很好，我们在全省各大高校几乎都有自己的助理团队，我们是全省校园歌手普遍认可的权威平台……曾经我也一度放出豪言壮语，不管年轻人的娱乐方式如何改变，我们始终都能稳坐校园鳌头。

然而新媒体越发火爆，我和现任搭档张端都在思考，《男生宿舍》还能继续先行吗？

张端，听着《男生宿舍》长大，到现在成为我的搭档，我们之间虽然年岁有差，但目标一致，那就是为《男生宿舍》扛大旗，我们做了很多规划和设计，也进行了很多努力和尝试，目前来看，做得最成功的有两点，一是成功抢占中学生市场，二是助农直播如火如荼。

中学生的独特性与广播进行关联后，我们调整了节目方式，迅速吸引了广大中学生的视线，甚至节目里一度出现各大中学进行组团亮相和PK的热闹场面。

而助农直播更是硕果累累，单场销量的最高纪录是惊人的1600万，让人眼前一亮，同时我也陆续被省市县乡聘请为助农推广大使。新老听众也纷纷表示，围绕乡村振兴，《男生宿舍》找到了非常完美的结合点，毕竟我们这档节目的终极意义，就是要让我们的生活变得更美好。

不管你走到海角天涯，不管是金秋还是盛夏，《男生宿舍》，始终是你心灵深处永远的家。

# 张端

因为广播而有了梦想,因为梦想而选择广播。

# 当梦想照进现实

张　端

张端,现主持江苏交通广播网《男生宿舍》《全城热恋》(周末版)节目。获江苏广电总台"活力新人"。主创作品获2020年度"中国足球新闻奖"。

2009年,我第一次听到《男生宿舍》节目,它风趣幽默,无话不谈,深深地吸引了我。我第一次发现,聊天这件事儿,可以这么有趣。听着听着,我就想,未来某一天,我能不能成为一名电台主持人呢?

经历了艺考的征途,最终,我和播音主持专业"双选"成功了。大学参加的第一次比赛、第一份实习,都是在西祠堂巷8号,缘分就是这么奇妙,而更奇妙的是我终于走进了江苏广播,成为了交广网最年轻的员工。采访、编辑、主持、短视频制作,我一项项学习,综艺节目、脱口秀节目、体育节目、相亲节目,我一个个尝试,深切体会到做新型的江苏广播人,极具挑战。

▲ 2022年,张端在"环游江苏"融媒体报道中采访西太湖影视基地负责人

经过一次又一次磨砺,我逐渐获得了认可,拿到了2020年度"中国足球新闻奖",成为了江苏广电的"活力新人"。

2020年,《男生宿舍》向我张开了怀抱!我要搭档《男生宿舍》的元老成杰思了!

《男生宿舍》历经20载光阴,如何让这档节目继续发光,说实话,我挺有压力的。我回想起自己的成长,觉得陪伴年轻人的,应该不只是一笑而过的东西,有收获有沉淀更加重要。于是在今年,《男生宿舍》开启了"挑战中学生"的知识问答,所有的题目都来自中学教材,中学生,你的知识掌握得是否牢靠,成年人,你

▲ 2020"南博奇妙夜"活动现场,张端(右一)现场朗诵

学的知识有没有还给老师?听众竞相参与,个个都想一试身手,不间断的热线让老听众感慨《男生宿舍》那热闹劲儿回来了。

2021年,我又成了相亲节目《全城热恋》的主理人之一,嘉宾联系、节目编排、微信推送、周末主持……我恨不得长出"三头六臂"。

忙碌并不可怕,让我烦恼的是——

"上节目相亲?不会让大家都听到吧……"

"我爸给我报名的,他着急,我不着急,我90的,还小呢……"

"不收费?你,不是骗子吧?"

面对这些疑问,我也渐渐总结出了经验,说服嘉宾上节目,需要沟通技巧,更需要同理心,要和他们共情——

"哦,是你爸帮你报名的啊?估计是听说你最近生病了,一个女孩子,一个人在南京,希望有个人帮他们照顾你吧!"

"离异,没关系呀!我跟你聊了这么久,觉得你真的是很靠谱的人,下周一的节目,我们重点推荐你!一定让你找到幸福!"

而我也得到了幸福的回应——

"谢谢张编导,我脱单啦!"

"张编导,告诉你一个好消息,那天发邮件有一个男生很不错,我们已经在一起了。"

"我有个闺蜜很不错,能不能参加你们节目?"

今年夏天,为了帮助更多嘉宾脱单,我们组建了"全城热恋交友社群",举办了"全城热恋七夕来电飞盘相亲会",越来越多的人把身边的小伙伴推荐到我们节目中。

在大家的甜蜜中,我收获了满满的成就感和不断出发的源动力。

广播的70年,是陪伴的70年,作为听众,她承载了我的青春,作为主持人,我想与她共同成长,一起辉煌。

# 但凡辛苦，都是礼物

阿 束

阿束，现主持金陵之声《快乐上班路》节目。两次荣获江苏广电总台"十佳制作人"，多次获江苏广播"优秀主持人"称号。受聘担任南京玄武湖文明旅游志愿者形象大使。

那天，下着小雨，我撑着伞，站在洪武北路老天桥上，车水马龙，新奇陌生。我心里默念，这就是新的人生。

那是2010年11月1日，我来江苏广播报到的日子。

我是参加首届创意星主播大赛来到了江苏广播。那时候FM99.7金陵之声转型，我是首批外招力量。我的搭档王瑶是交广老员工，我一进台，就给我俩安排了早高峰。我俩办公室坐对桌，第一期节目结束，她回听节目，突然从电脑后面探头对我说："你声音很好听呢！"后来，专家点评、听友意见，纷至沓来。有喜爱我率性活泼的，也有吐槽我深度不够的。我和王瑶一起听资深主持人们的节目，渐渐明白了优秀的主持人光声音好听远远不够，只凭一腔热情在话筒前滔滔不绝并不能走得长远。后来，王瑶嫁去了杭州，我们的这档节目结束了。

要想开新节目，就得重新竞聘，写完策划、制作好样带后，我请年假去了甘孜。在雪山下，迎着晃眼的日光，心中却有一丝阴霾，生怕竞聘不成，要离开这个喜爱的地方。然而就算前途不明，我也从未停止收听各种节目、钻研业务，一腔赤忱地沉浸在声音世界里。

终于，一天早晨，时任交广总监的郭成涛找我

▲等待直播的阿束

# 阿束

不必焦虑，无非一件事接着一件事地去做而已。

和一博谈话。新节目定了，还是早高峰！两个男生搭档的节目并不多，我们分工有序，一博爱思考，他拉主线；而我呢，快乐做自己，用热情感染听众，虽然因为各种原因，这档节目也只播出了一年，但一直到现在，依然有听众记得当年"一束阳光"的组合。

就这样，FM99.7的早高峰变成我"独挑"。起初，我每天的工作几乎是以分钟计，为节目打磨一个音频细节常常会到深夜，就直接在导播间沙发上和衣而睡。第二天清晨，洗手间里，抹一把脸，精神奕奕地走进直播室，和所有上班族问早安。这样全心投入，终于迎来了节目的起色。因为节目积极向上，富有正能量，宣传报道有声有色，受到了省政府办公厅发函表扬；同时，越来越多的听众成为节目的粉丝，他们还给自己起了个好听的名字"束苗"。

在广播大院里，许多人都知道我爱"折腾"，其实，我只不过是想把节目做得更好，不断尝试新事物。在当年广播主持人还很少"触电""触网"的时代，我制作了视频节目《阿束·咖》，众多演员歌手做客节目，节目频上视频网站首页；微博初起之时，我的粉丝人数不少，获得了当时新媒体"新浪"颁发的江苏十大人气主持人称号；2017年，江苏广播打造主持人工作室，我成为首批工作室制作人；2019年，短视频元年，我成了交广首批开账号的主持人之一，疫情宅家，一条视频让全网都知道了我这个"奶茶哥"，上亿次播放、上百万点赞。

回望我与江苏广播的12年，虽有风雨，但更多的是命运赐予的礼物。

前两天，站在洪武北路新修的立交桥上，桥下依然车水马龙。与12年前相比，我已彷徨不再，只有坚定地对当下的热爱，和对未来更加美好的憧憬。

▲江苏广播首个以主持人命名的商业品牌"束先森"

# 周宇

你在有困难的时候想到我，我一定全力以赴。

# 西祠堂巷8号，见证我青春的地方

周 宇

周宇，现主持金陵之声《爱车帮》、江苏交通广播网《1011车世界》（周末版）节目。获中广联"全国百佳主持人"，江苏广播"优秀主持人"。

如果你是一个爱听广播的人，你一定知道西祠堂巷8号是江苏广播的所在地，也是我工作了30多年的地方。

1992年，我和一批怀揣着广播梦的年轻人跨进了江苏广播的大门，成为第一批"现场直播节目"的主持人。现在大家习以为常的直播节目，在当时的江苏广播，却是一次重大的节目"改革"——江苏广播拿出中波频率585，作为江苏经济台的节目频率，一改录播的样态，实现全套节目全天大版块的直播。

我们近20个从全省各地"百里挑一"选出来的新晋主持人，在老师们一带一、手把手的传授之下，开始了广播追梦之旅，我们不仅学习播音主持，也学采访编辑。

记得当时电视剧《编辑部的故事》正在热播，我们请到了剧中的主角葛优和梁天到节目中做嘉宾，我们节目组的王良志老师带着我们几个人一遍一遍地讨论采访提纲，设计交流话题。直播节目非常成功，听众的参与电话都打爆了。两位演员也是第一次参与广播直播，非常兴奋，和我们一起畅聊电视剧拍摄的故事和他们的日常生活。直播采访结束后，在我们的编辑室留下了一张珍贵的合影，当时的葛大爷还是有点头发的。

刚进台那会儿，我的"导师"

▲《编辑部的故事》走进我们的"编辑室"

是文艺部的夏冰，他也是当时江苏台最火的一档文化节目《文艺天地》的主持人，我一直喊他"师傅"。在我们开始真正的直播节目之前，师傅手把手地教我如何策划一档节目，如何在节目中确定自己的定位，如何做好一名广播节目主持人。至今我都记得：有一次，师傅和我一起录《文艺天地》节目，读到一位听众的来信，说自己当时遇到了不顺心的事儿想轻生，最后的一封信写给了我们。师傅立刻就按着信封上的地址找了过去，及时制止了悲剧的发生。师傅说，听众信任你，把你当朋友，把自己的最私密的心里话告诉你，我们要对得起这份信任。

师傅的话，这些年我一直记着，这30年，我也是这么做的。

就在今年夏天最热的那段时间，有一天我正在做节目，有一位听众打来求助电话，在节目中说自己的车子出故障了，不能开了，很着急，希望我们《爱车帮》节目帮帮他。我们询问了这位听众的具体位置和故障现象，一面指导他怎么做，一面告诉他去离他只有不到1公里的修理厂，去找我们节目专家库的修理专家。结果不到3分钟，听众的车子就顺利到达修理厂，得到及时维修。这样的事情还有很多很多。

各位收音机前的好朋友，在遇到困难的时候，请立刻联系我，我一定全力以赴。

在江苏广播30年，是我人生中最好的青春时光，我有幸参与了太多、太多非常有纪念意义的重大事件的采访，也荣获了全国百佳主持人、江苏广播优秀主持人等等很多的荣誉，采写的很多稿件也获得了省级大奖。江苏广播会在一代一代优秀的广播人的共同努力之下，走向更美好的明天！

▲和夏冰老师合影

▲《爱车帮》周宇、杨晓

# 通江达海看长虹卧波，穿山越岭造人间通途

静 渊

静渊，现主持江苏交通广播网《应急课堂》、金陵之声《听见南京》节目。获江苏广电总台"十大未来之星"。被江苏省交通运输厅授予"大运河航运文化宣传大使"。

如果给自己的职业身份加一个注脚，我想一定是"交通媒体人"。我一直觉得自己跟交通有一种特殊的情缘，2016 年我大学毕业，享受着和谐号动车组的便利，一路南下，仅仅三个多小时就抵达了南京，签约了江苏广电，加入了交通广播部，工作六年来，一直做着交通类的节目，后来干脆把家也安在了南京汽车东站附近。

时代在发展，如今，每一个人都有可能成为一个"交通节点"，每一个人都有属于自己的"交通工程"。譬如，有人买了人生的第一辆车，有人把燃油车升级成了电动汽车，这些都是属于自我"交通工程"的建设。而自我出行能力的提高是以国家或省域路网、桥网的建设为前提的。

2017 年 10 月，我刚参加工作一年多，被通知去参与全国重大交通工程——西（安）成（都）高铁大秦岭段的通车报道。我们的报道点位是在大秦岭腹地，要采访建设方中铁十七局的工作人员，还要到即将通车的铁路线上采访铁路工人。11 月 1 日，一辆 Jeep 越野车载着我和同事郭雪从西安往秦岭深处进发，一路上走的大多是泥泞的山路，道路两旁又高又密的灌木感觉随时要把车辆包裹起来。到达秦岭深处，还下起了大雪，我们一下车就扎进了建设指挥部。指挥部非常简陋，一座二层小楼里分布着几间办公室，小楼外是用预制板搭建的几间宿舍和一间食堂。吃饭的时候工作人员特别叮嘱："一定要吃饱了呀，秦岭深处没人家，更没有小卖部，可加不了餐啊。"这话不假，吃完饭我们四处转了转，群山环抱，鸟鸣山幽，唯独没有人家。因为铁路天窗期在凌晨一点，我和郭雪提出就住在指挥部，工作人员把他们那儿最好的房间——办公室腾给我们住。凌晨一点，我们坐上车前往大秦岭隧道施工线采访。

# 静渊

当我经过那些桥、那些隧道的时候，我会骄傲地对身边人说：我在这儿采访过，见证过！

凌晨时分,全长14858米的大秦岭隧道里,铁路工人们依旧忙碌。我们采访得知,穿越山体建隧道,要克服岩爆、突泥、突水等众多极端情况,施工难度可想而知。但是一旦这条高铁通车,老百姓早上八点从西安上车,中午十一点半就可以在700多公里外的成都吃上正宗的四川火锅了。

让我感到震撼与振奋的不止有路,还有桥。关于桥的报道,我们交广网可是行家里手,2019年,《百桥飞架新跨越》的现场直播就获得了中国新闻奖一等奖和中国广播电视大奖。2022年7月1日,沪苏通长江公铁大桥暨沪苏通铁路开通,我和同事陈婷老师在大桥南桥堡现场直播。大桥主跨长度1092米,是世界上首座跨度超千米的公铁两用斜拉桥,大桥越长,越容易因为大风而引发涡振(注:上下起伏),现场接受采访的工程师告诉我们:不用担心,正是我们自主研发的技术为大桥铸就了"钢筋铁骨"。

印象中采访过的重大交通工程还有很多,若干年后,当我成为千千万万出行人中的一个,开车经过那些桥,坐上高铁经过那些隧道的时候,我总会骄傲地对身边人说:当年我在这儿采访过,见证过!

▲静渊与陈婷在沪苏通大桥直播

# 关心

成为一名播音员的梦想在我的心底生根发芽,最终开出了美丽的花。

# 梦开始的地方

## 关 心

关心，现主持金陵之声《关心·警媒工作室》、江苏交通广播网《警察故事》节目。获江苏广电总台"十佳编辑"，获江苏广播"优秀主持人"称号。为南京市公安局警风警纪监督员。

读初二时，我曾给广播电台寄过一张明信片，不久后我就在电波里听到了我写的那段话，从此，成为一名播音员的梦想在我的心底生根发芽，最终开出了美丽的花。

2000年的夏天，部门领导找到我，告诉我台里想开办一档亲子节目，因为我的性格温和细腻、声音亲切自然，就选中了我当主持人。8月26日，江苏首档广播亲子类节目《亲亲宝贝》诞生了。从科学孕育到早期教育再到小学阶段的成长，我下了不少工夫，东奔西跑邀请育儿专家担任节目嘉宾，认真学习专家留下的节目手稿，不断了解育儿新理念。就这样，在节目开办的第二年，《亲亲宝贝》就获评江苏广播十大名牌节目，并连续6年获此殊荣。回想当年，那个时候，我还没有成家。

记得节目开播不久，一位军人给我写信，他的爱人在生病吃药过程中怀孕了，因害怕对胎儿造成影响，担心到睡不着觉。我详细了解了孕妇的情况，找到了南京市妇幼保健院妇产科的蔡满红主任。蔡主任仔细地比对了她服药和受孕的时间，做出判断：胎儿不会受影响。至此这家人的心结被解开了。后来，这名孕妇顺利产下一名女婴，她的爱人第一时间给我打来电话，分享喜悦。算下来，这个孩子现在也已经是20出头的大姑娘了。

如果说《亲亲宝贝》让我如邻家大姐一般服务了无数家庭。那么，接下来我主持的这档节目中，我就是见证者，记录故事，传播正义——2020年9月，首个以主持人命名的警媒工作室——"关心警媒工作室"成立，同名广播节目《关心·警媒工作室》开播。有人会说，这个主持跨度也太大了吧？没错！但我勇敢地尝试了，我找到了主持这两种节目的共通点——用心用情。

▲关心和警官主持人们

在主持这档节目的过程中,警察的故事深深打动着我,党的二十大代表、长期坚守基层一线的全国特级优秀人民警察崔圣菊说,只要群众需要,能办的一定办!独腿为民踽步26载的"最美基层民警"孙益海说,为民服务时,我的疼痛就减轻了。被歹徒驾车拖行300米,与死神擦肩而过的全国公安系统二级英雄模范刘小川说,英雄只是一瞬间,警察要干一辈子!每每与这样的人民警察相识,心中总有一股暖流在激荡,我也在节目中,把他们的故事说给更多的人听。节目获得了南京市公安局社会动员品牌"石城百姓"的冠名。

现在,我把在我主持生涯中最重要的两档节目联结在了一起,我邀请民警、辅警走进学校,举办安全课堂,提升师生们的安全防范意识。我还一直在思考,如何让孩子树立正确的人生观,成为坚强、勇敢、乐观的人,拥有持续不断的向上力量,"英雄模范进校园"一个崭新的活动正在孕育,我将联系公安、学校一起,把催人奋进的故事讲给孩子们听。

▼关心携手全国优秀人民警察钱定才所在的南京秦淮公安分局月牙湖派出所,走进中科28所幼儿园

# 用心工作，静静绽放

屠 青

屠青，现主持金陵之声《城市拼图》节目。主创作品获江苏好新闻奖一等奖。

认真工作，用心生活，就能找到人生为我们藏起来的糖果！这颗糖果也是从小广播在我内心播种的一个甜蜜的种子。

2022年，是我和广播结缘的第17年。

时光飞逝，记得上学那会儿，我每天坐在收音机前做功课，右手写作业，左手放在收音机键上，不停地开关，因为听广播成了我作业时的必修课，但是老妈在某天察觉到后，开始不停地突击检查我是否在一心两用，没承想造就了我眼疾手快的本事。现在回忆起来，那些五彩斑斓的声音陪伴我度过了太多的欢乐时光，但是从未想到，2005年我也坐在了话筒前，开始了自己的播音生涯。

## 缘分

2005年末，告别了大学毕业后的第一份工作，开始为自己的职业生涯做全新的规划，那年我把原来的老板辞了，看见报纸上的电台招聘广告我就去了，当然只是抱着试试看的心态，就觉得自己声音不难听，做广播反正不就是放歌

# 屠青

江苏广播有种魔力,身临其境你就会不自觉地在行走中奔跑。

读稿子吗!(很多人都这么认为的吧?!)顺利地过了第一轮后,第二轮面试,进去之前真的很淡定,因为心态很平和:反正就是试试嘛,但是推开门看见考官我就不淡定了,三位面试官,轮流让我回答问题,问的是什么,我完全不记得了,因为当时脑子一片空白,但由于我竞聘的是欧美音乐DJ,凭着多年对欧美音乐的热爱,答肯定是答出来了,但是答的什么完全不记得!最后只听见那个让我极为不淡定的考官问了一句:"电话留得准确吧,不会在联系上有错吧?"而他就是我青葱时代的电台偶像大卫老师。声音的音色真的是与生俱来的,这就是我的份,是天分更是缘分!我人生的全新篇章开启了!

### 梦想

真正广播生涯的开始,和我之前的想象彻底不一样,什么就放放歌读读稿子,这都是谁传出来的谣言?面对着眼前庞大的调音台、五花八门的按钮和黑炮般的话筒的时候,浑身颤抖,第一次播音我就是这么完成的!稿子读错,歌曲放错,好在顺利成长了……

那年还有我终生难忘的超早班,每天凌晨四点半的节目直播到七点,中午十二点再接《第一时间》整半点资讯的班,一直播到晚上八点。身体连轴转,那时候,做梦都是直播,梦到自己迟到,梦到自己播得磕磕巴巴。广播人其实也是面对舞台,台上一分钟,台下十年功,每天不断地积累和学习是在这条道路上前行必须要具备的素养,走进电台的十几年,我唱过,跳过,演过电视剧、话剧,接触过大荧幕,还做过记者、活动策划执行、主持人等很多岗位,这些都是我不断前行的基础。

### 感情

我很幸运,一踏进广播,就踏入了江苏广播的最强方阵。最让我觉得可贵的是这个大家庭中兄弟姐妹的情谊。

广播有种魔力,身临其境你就能体会,这里不容许你落队,你会不自觉地在行走中奔跑,欢声笑语中夹杂着激动的泪水,因为我们一起经历的工作、学习、成长都是永生难忘的回忆。

小军

我是你一路同行的好朋友。

# 21 年：成长与坚守

## 小 军

小军，现主持金陵之声《南京交警在线》节目。获江苏广电总台"十佳制片（制作）人""内容创制杰出员工"，江苏广播"优秀主持人"。现为南京市公安局警风警纪监督员。

2001 年，我在 FM97.5 江苏文艺台主持《一路好歌》。3 月 12 日那天，我接到通知，要成立一个全新的、覆盖全省的电台——江苏交通广播网，我是筹备组成员之一。当时筹备组一共五个人，从经济台、文艺台、技术部抽调而来，办公室不大，里面摆放的是大家从原部门带来的颜色和形态各异的办公桌椅。就在这个有点简陋的办公室里，我们开始了全速前行的追梦之旅，也让年轻的我见证了奇迹——5 月 10 日，领导把交广网开播仪式的策划执行交到了我的手上。全新的频率，开播肯定要与众不同，我能做到吗？好吧，拼了！当年不过二十多岁的我不知哪来的胆量接下了这个任务，和团队一起干了起来。一遍又一遍激烈讨论，一个又一个不眠之夜……7 月 21 日，江苏交广网的开播仪式打响了！江苏首届汽车文化节成功了！我和伙伴们紧紧拥抱在一起，激动，泪水，那场景，至今难忘。也就是从那一天，我开始了与江苏广播第一档汽车节目《完美时速》的十年约会。

2012 年，我接到了新任务——主持与南京市公安局交通管理局合作的《南京交警在线》。我做过音乐节目、汽车节目，但是，警方节目该怎么做？那些看起来很严肃的警官能听我的吗？听众会喜欢一档专业的交通节目吗？记得刚开始做节目时，有一次，警

▶《完美时速》十年汽车情

官张成刘密密麻麻写了7页纸的内容，直播时，我们都不敢发挥，我问一句，他答一句，做完节目后他满头是汗，而我呢，满脸通红。这时导播走过来说："刚才有3位听众打来电话，因为你们一直在说话，他们就等在线上，没有挂断……"我们赶紧抓起电话——什么叫严管路段？为什么有的违停处罚50元，有的是100元？发生了事故怎么拍照？等问题一一回复完，已经是晚上8点多了，我却好像开了窍，拉住张警官，讨论起节目该怎么做听众才能爱听。就这样，在和一位又一位警官的交流中，在和一个又一个大队的接触中，《直通车管所》《曝光台服务》《交通事故解答日》这些听众喜欢的权威、专业、实用的栏目诞生了。

今年《南京交警在线》10岁了。10年，南京汽车保有量从100万变成了300万，我们的警官主持人从十几位发展到280位。第一批警官主持人早已走上了管理岗位，但他们却把节目当成了自己永远的家，常常为家里"出谋划策"——2018年，王卓君警官建议让孩子们也成为交通宣传的力量。我们和南京市交管局、南京市少工委一联系，立刻得到了热情的响应，一支连通警方、少先队、媒体、校园、家庭各方面力量的生力军——南京少年交警队成立了！4年时间，南京市20多所学校数千名小学生参与到"小交警"的选拔中，身穿警服的小队员们走上护学岗为同龄人护航，和"大交警"一同上路值勤，录制节目宣传交通安全，"小交警"成为了孩子们交通出行的榜样，成为了家庭成员安全出行的监督员，成为了文明南京的一张新名片。

感谢江苏广播给我成长的机会和平台。

我是小军，你一路同行的好朋友。

▼小军和《南京交警在线》的警官主持人们

# 爱是石缝间顽强生长的花

## 文 岚

> 文岚，现主持金陵之声《今晚我是你的DJ》节目。获江苏广电总台"十佳制作人"。心理咨询师、多家报纸杂志专栏作家，被誉为"南京上空最温柔的声音"。

从1998年开始主持《今晚我是你的DJ》，我在午夜的电波中倾听了无数故事。许多人说，我和节目对他们的人生轨迹产生了影响，但更多时候，我从他们身上学到了坚韧、不屈、乐观、豁达，这是我人生的养分，让我成为更加完整的人。

2005年8月，一个叫洋平的女孩开始收听我的节目，当时她18岁。出生时的医疗事故造成了她的脑瘫，倔强的妈妈抱着她各处求医，坚持康复锻炼。洋平在家捡弟弟的课本自学，每个字写得像刻出来一般工整，闲暇时间便听广播。刚时兴电脑，她就开始学习，还考了级，我就是在电子邮件里收到了她的来信。

2008年2月，我和几位听众第一次去了洋平家，见到了美丽聪颖、知情识趣的她，看到她每说一句话每做个动作，都要使出全身的力量，心酸不已。那时候点歌节目特别受欢迎，洋平主动帮节目在"西祠"上发点歌帖，很多听众都认识了这个热心助人的ID"平919"，只是大家不知道，她是靠一根手指敲击键盘，链接这个世界。

与此同时，一个安徽巢湖20岁的农村男孩，也在电波那头，在每个夜晚默默守候。逸睿，出生后高烧，误服了婴儿禁用的药，后果便是脑瘫，无法说话。逸睿是一个人在轮椅上看电视，

▲文岚为洋平、小杨主持婚礼

# 文岚

24年的节目，8000多个夜晚，我聆听了无数个爱和成长的故事。

对照字幕知道了字的读音,再去查字典学拼音,认识了更多的字。逸睿对文字有天生的领悟力,文笔有史铁生的风骨。

因为共同收听《今晚我是你的DJ》,逸睿和洋平相遇了。爱情的光芒照亮了两颗孤独的心。但这样的身体状况,相见很难。他们向我吐露了心迹,2008年9月,我决定开车带上洋平,去看望远在安徽巢湖的逸睿。当两只颤栗的手碰在一起,我流泪了。

但也许是洋平的条件比逸睿好很多,一个月后,男孩提出分手,他认为洋平一定能遇到更好的归宿。他非常决绝,但我知道他的心里忍受着巨大的痛苦。洋平也痛苦得不能自拔。

故事如果只到这里,那便只有浪漫和悲情。但人生的车轮总要向前,充满着生命力量的洋平,在修复了情感的伤口后,积极寻找就业途径,找到了一份网络客服的工作。她认真努力到极致,最初常常整夜不睡练习打字,为了减少去厕所的麻烦,就不喝水,她真的是用一根手指敲击出了生命的奇迹。

之后几年,洋平被评为南京好人、栖霞区十大杰出青年。我在节目中说出了洋平新的故事,她的执着和努力,打动了一个名叫小杨的男孩,一家外企的技术员,身体健康,善良实在。

我和节目成了洋平和小杨的媒人,后来,我为他们主持了婚礼。现在他们聪明伶俐的女儿已经上小学了。

张小娴说:其实,爱情并不是花朵,它只是我们脚下的泥土,人生,才是在其中开出的花朵。24年的节目,8000多个夜晚,我聆听了无数个爱和成长的故事,看到了一朵朵向上的人生之花绽放在石缝里,盛放在泥土中。

"今晚,我是你的DJ",我愿永远在深夜的电波中,以一颗温柔的、没有藩篱的心,聆听你的声音。

▲ 2014年,文岚主持了洋平和小杨的婚礼

JIANGSU MUSIC RADIO

**FM97.5 江苏经典流行音乐广播**

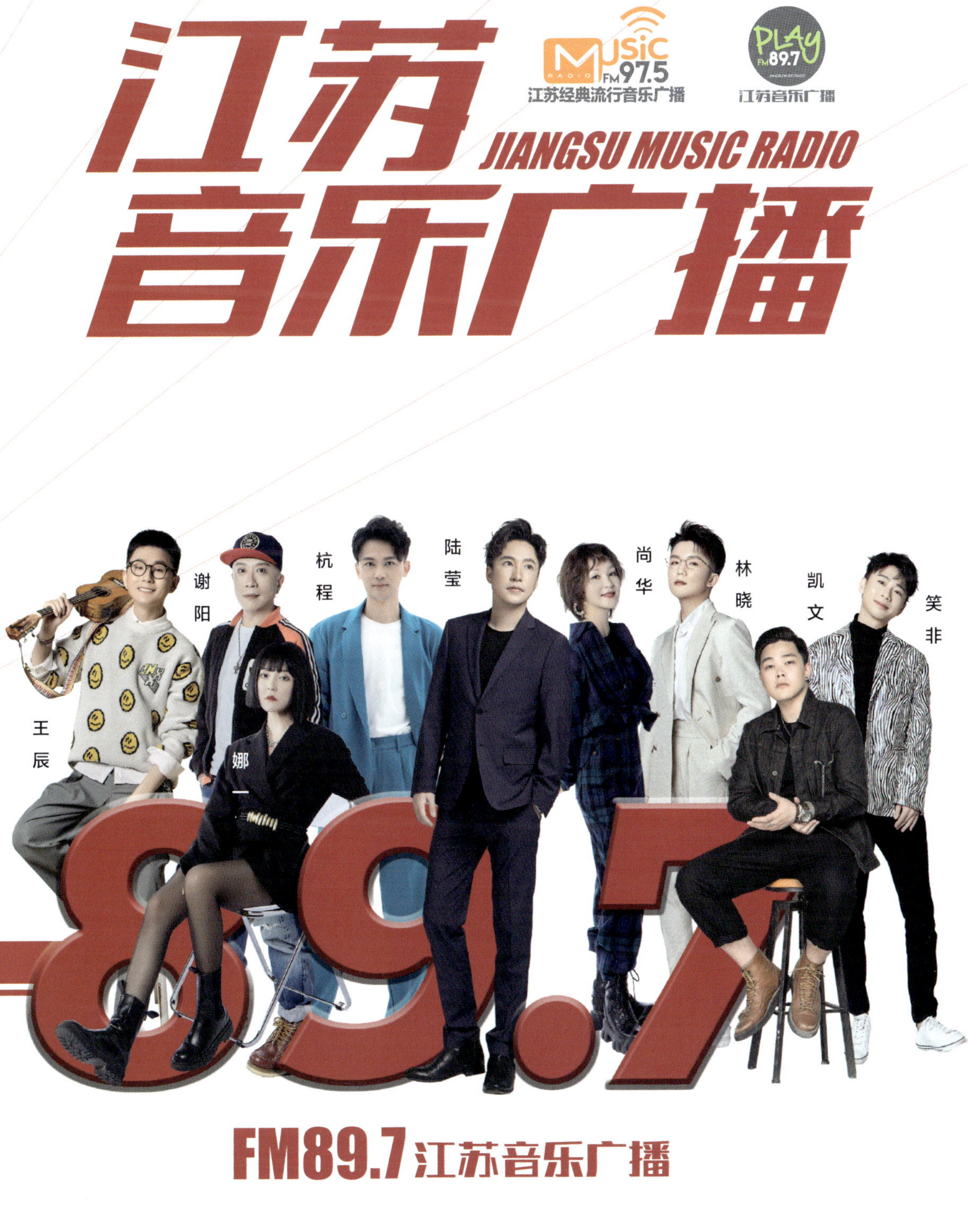

江苏音乐广播
JIANGSU MUSIC RADIO
Music RADIO FM97.5
江苏经典流行音乐广播
PLAY FM89.7
江苏音乐广播
王辰
谢阳
娜一
杭程
陆莹
尚华
林晓
凯文
笑非
89.7
FM89.7 江苏音乐广播

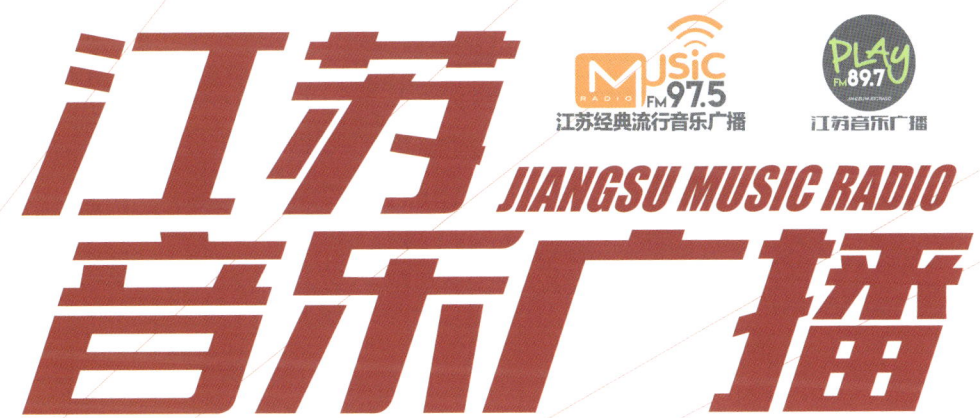

回首江苏人民广播电台70年的漫漫征程,有幸以我的青春韶华、真心、汗水,脚踏实地与她走过25载。

邓煌

# 广播梦想家

邓 煌

邓煌,现主持江苏经典流行音乐广播《阳光倾城》节目。获"金话筒奖"主持作品提名奖、江苏广电总台"金荔枝"奖、中广联"全国十佳音乐DJ"、蜻蜓FM"全国最受欢迎十大节目"。

打小时候起,广播就是我的一个梦。从《小星星》到《文艺天地》……一边听一边想:什么时候,我的声音也能出现在那小小的半导体里呢?

二十多年来,幸好有了这个梦。虽然每一步并不易,但好在坚持下来了。只有脚踏实地,伴随着希望与坚持,才能实现自己的梦。

▲ 1996年和参加兼职招聘的入选者在广播大院合影

▲ 参与王家卫电影《摆渡人》拍摄，对手戏为青年演员鹿晗

直到今天，我都非常感谢江苏人民广播电台的开放和包容。25年前，因为一场兼职主持人招聘，我第一次走进"西祠堂巷八号"——江苏人民广播电台。从千人初试，到复试终选，这是我离梦想最近的距离。

上世纪90年代，"西祠堂巷八号"是人们心中的广播圣殿：胡德兰、戈弋、海蓉、夏冰、大卫、李苏、李强……这些名字如同明灯，点亮了听众们的每一刻。那时，主持人每天最重要的工作便是拆那用麻袋装的听众来信，还要拿笔划出那些美好的句子，以便在节目中播出。

多年后，当我开始一封封拆信时，我是如何也想不到后来的广播巨变。

2007年，江苏文艺频率（FM97.5）华丽转身成为省内第一家类型化经典流行音乐广播，主持人不需要带一张CD便可以走进直播室。

那年的4月9日，我开始主持从清晨6点起连续3个小时的《阳光倾城》（曾用名《音乐早班车》）。15年5000多天，这档节目打破了许多不可能：一是音乐台的早班节目不可能拿到收听率、占有率第一的成绩，《阳光倾城》做到了；二是主持人可以成为一种现象，15年磨一档节目，实现了几代人同听一个节目成长，我开个人演唱会、出书、出专辑；三是只要你真诚、努力坚守，广播主持人便不是吃青春饭，只要听众欢迎，可以一直做下去……

从2007年到2022年，伟大祖国变化巨大，广播亦是如此。

以前电台主持人，只闻其声不见其人；这15年，我们不断走上舞台，演话剧、演电影、参与10万人体量的户外音乐节演出……拥抱新媒体，录视频、开直播，拥有了自己的粉丝群，超强黏性互动加转化。

常有人说不要输在起跑线上，出名要趁早，但我更相信厚积而薄发，如果没有前十年的积累，就不会有而后15年的不负韶华；回首江苏人民广播电台70年漫漫征程，有25年是用我的青春韶华、用我的真心和汗水，脚踏实地与她并肩战斗过，我感到无比骄傲和自豪！恰少年五彩缤纷，与太阳一同升起，一路向前，阳光倾城。

# 我和广播的心"电"感应

陆 莹

陆莹,现主持江苏音乐广播《派对之城》节目。获中广联"全国十大音乐DJ"、江苏广电总台主持人"银荔枝"奖、"十大优秀员工",江苏广播"优秀主持人"。

清楚地记得,2005年那个夏天,我误打误撞地踏进了南京西祠堂巷8号,解锁了一个意料之外的职业:"电台音乐DJ"。此后的17年,在这个大院里,我经历了一段梦幻般的人生,也和江苏人民广播电台产生了无与伦比的心"电"感应!

回顾这十多年,我主持过不少节目,比如《城市乐游》《陆尚秀》《派对之城》等,但最让我感到骄傲和难忘的,可能还是最初的那档《Kiss bar》。

刚到电台报到那会儿,全国的音乐电台还在清一色循环播放着《七里香》,

▲陆莹(前排居中)和电音粉丝们在一起

# 陆莹

让音乐破圈这件事,十多年前我们就在做了!

电音节目基本上难觅踪影，而我却幸运地获得了一个机会，播放自己最感兴趣的电子音乐，这档节目就是《Kiss bar》。正当我踌躇满志准备大展拳脚的时候，问题来了。那时候的互联网远没有现在这么发达，QQ音乐和网易云音乐等大型音乐平台还都没有出现，而电子音乐作为小众音乐类型，在唱片店里的资源又极为匮乏，所以怎样才能获得足够的歌曲，满足每天节目播出的需要？只能另辟蹊径！

江苏人民广播电台主持人的身份此时发挥了作用，我结识到了当时几乎全南京所有知名电音俱乐部的DJ，也源源不断地获取到了大量最热门的潮流舞曲资源。与此同时，每天的节目中我都有意识地搜寻着志同道合的小伙伴，广播强大的影响力再次给了我惊喜，越来越多对电音有着同样热情的素人行家浮出水面，其中不乏"电板鸭"这样如今在圈内大神级别的乐评人，帮助我在音乐储备和对舞曲的理解上全方位提升。

▲陆莹和全球百大 DJ Jay Hardway

核心内容有了支撑，接下来我只需要在电波中自信地展现个性和魅力就行了。那段时间，每天除了吃饭睡觉，我完全忘我地沉浸于工作当中，享受着每一次的直播开口的瞬间，精挑严选着每一个要播放的Beat，仿佛自己每天都在参加一个大型音乐节，带领着成千上万的"派对动物"一起忘记烦恼，尽情感受全球顶尖电子舞曲带来的激情！

随着广播事业不断的发展，各种自办大型活动也应运而生，也让主持人有了更广阔的施展才能的空间，而我也登上了咪豆音乐节等超大型舞台进行现场打碟表演。每次面对山呼海啸的人群按下Play键，带领所有人高举双手纵情跳跃时，我总仿佛又回到了初入电台时的话筒前，享受着电子音乐所带来的最纯粹而极致的快乐！

在如今这个EDM盛行的时代，我可以对着零零后们骄傲地说，十多年前，陆叔叔我就已经在西祠堂巷8号引领过华东地区电子舞曲的潮流了。而眼看着一批批更年轻的音乐DJ们不断涌现和成长时，我也会坚定地告诉他们：相信自己的选择，你也一定会在这里发现属于你的心"电"感应！

# 海燕

不论时代如何更迭，音乐始终是连接世界、连接心灵的载体。

# 君子不器，音乐如水

海 燕

海燕，现主持江苏经典流行音乐广播《唱游远方》节目，主任编辑。获江苏播音与主持作品奖、江苏广播彩虹奖一等奖、江苏广播"十大名牌节目"。

"这个世界不是给眼睛观看的，而是给耳朵倾听的，它不能看得懂却能够听得见"，这是法国学者贾克·阿达利《噪音》中的一句话。

想想也是，在我尚未见识世界的广博前，我先听见了瑞典的阿巴组合、英国的披头士乐队、美国的卡朋特兄妹、法国的保罗·莫里哀……这一切的源头都是从听广播开始的，从一档江苏人民广播电台的欧美流行音乐节目《雀巢咖啡音乐时间》开始的。1993年5月，文艺频率（FM97.5）开启了广播音乐节目的直播时代，著名主持人海蓉与英国制作人布莱恩·安德森为听众悄然开一扇倾听世界的大门，那样新奇！原来，音乐是一杯香浓的咖啡，"味道好极了"。

九十年代后期，当海蓉把她的话筒接力给我的时候，我相信一档优质的欧美音乐节目可以滋养更多和自己一样渴望听见世界的耳朵。当田纳西乡村、法兰西香颂、苏格兰民谣折射成每个傍晚听众驾车回家路上的一道道霞光，我想，在看得见的城市车流之外，听众也在心里交织着一个阔大的世界。这些听众里不乏品牌专家、企业高管，音乐不仅能与咖啡融合，也能和红酒碰擦出火光。到了2007年，成功转型为类型化音乐频率的975诞生了"当音乐遇上红酒"的《赫柏湾音乐时间》，开创了江苏人民广播电台音乐与品牌的融入式节目样板。

节目开播第二年，当我飞抵澳洲新南威尔士的红酒酒庄采访录制专题时，我恍然想起海蓉的节目，流淌的音乐是最美的介质，它是一杯咖啡，也是一杯醇美的红酒，回味无穷。我告诉酒庄主人，充满果香的赤霞珠好比澳大利亚乡村歌手约翰·威廉姆斯的歌喉，他惊讶于南半球的本土音乐透过一杯赫柏湾红酒，在遥远的异国他乡的广播里散发着幽香，让听众身临其境感受澳洲的风情画卷。恰似上世纪90年代的速溶咖啡热，城市白领的红酒热悄然在傍晚的电波里酝酿。七年间，巧妙交融了红酒品牌和全球音乐的《赫柏湾音乐时间》成长为江苏人民广播电台极具价值传播效应的名牌节目（2007—2013年）。

节目开播十年之后，赫柏湾品牌再次与我牵手移动新媒体，在江苏音乐台微信公众号和大蓝鲸手机客户端上开辟了短音频专栏《海燕醇美时间》，当音乐与红酒重逢，"流淌的醇美"（曾是《赫柏湾音乐时间》节目片头词）不仅听得见，也看得见。

君子不器，音乐如水。不论时代如何更迭，音乐广播始终是连接世界、连接心灵的载体，它有声无形的美在万物互联的今天，依然与汽车、珠宝、教育、旅行……诸多行业品类相互融合着，创造着价值。

物换星移几度秋，江苏人民广播电台踏过了70年风雨路，我始终相信：这个世界是给耳朵倾听的，而音乐是世上最美的倾听，它是清洌的春茶、浓香的咖啡、醇美的红酒。

▲ 2019年上海爵士音乐节，海燕与荷兰著名女歌手劳拉·费琪合影

# 下个，路口，见

徐 巍

徐巍，现主持江苏经典流行音乐广播《爱上回家路》节目，主任播音员。获中广联"全国十大音乐DJ"、江苏广电总台主持人"银荔枝"奖、"十佳员工"。

2023年，江苏人民广播电台七十岁了。这一年，是我加入江苏人民广播电台的第十二年。

十二年，是一个轮回。十二年，弹指一挥间。十二年，媒体格局发生了巨大变化。

## 世界无限大

世界无限大，我想去看看。

大学毕业后，抱着学习的心态，我参加了江苏人民广播电台主办的"创意星主播"大赛。说真的，从没想过自己能加入，和那么多优秀的前辈、中国广播史中那些闪亮的名字成为同事。阴差阳错，我成为了一名音乐节目主持人。

江苏人民广播电台给了我无限广阔的空间，在这里，每一刻都在挑战自己，每一刻都在突破。从"优秀节目主持人"到"全国十大音乐DJ"，从"银荔枝"到"抖音百万粉丝乐评人"，融媒体时代的到来，对我们每一个媒体人都是挑战，那不妨把每一次挑战，当成是机遇。

2020年，我开始做抖音，此后的每一天似乎被按下了快进键。每月有27天在工作：白天三小时直播外加短视频拍摄，晚上想创意写文案，给数据做复盘；到央视录节目，

▲ 2017年全国十大音乐DJ大赛

# 徐巍

进攻是最好的防守，安全来自创新。

去三亚参加抖音创作者大会，主持快手一千零一夜晚会；剩下一点时间用来放空，和自己相处。享受忙碌带来的压力，它让我有成就感。这个世界很公平，想拥有更多选择的权利，那就交出一部分自己的青春，来换谁也偷不走的阅历。

## 我和我的"维他命"

这是前几天在《爱上回家路》直播时，聊到著名作家任溶溶，一位听友发来的可爱漫画。

缘始于"遇见"，情长于"陪伴"。这十二年，我主持过很多节目，涵盖音乐、综艺、新闻等，最难忘的还是《微风往事》，那是我的第一档节目。我一直觉得电台主持人是这个世界上最幸福

的职业，能听到真正的自己。做电台主持人是一种孤独，尤其是晚间主持人，但这种孤独也是一种完美和幸福。

一天晚上，我收到一位听友发来的私信，她说，"徐巍，分享给你一个好消息：我的宝宝上个月17号出生了，女孩儿。这些年，你的节目一直伴随着我成长，从一个人独自打拼到现在成家立业。那些个下班的公交车上，在这异乡为异客的南京，你的声音和你播的歌总能带给我温暖与希望。谢谢你！"

在我短短的主持生涯里，看到许多听友从单身到结婚到生子。或许我们的关系不只是打开广播听歌、对着话筒说话这么简单，而是彼此生命的见证者。你们总说，我给了你们温暖。但你们又何尝不是我的维他命，给了我能量，点亮生命中无数个至暗时刻。成为一名主持人，借由音乐来表达自己，温暖别人，这既是我的热爱，更是我一直努力的方向……

如今的时代，娱乐选项那么多，感谢你还在听广播。广播选项那么多，感谢你刚好在听我。

## 下个路口见

七十年的时空交错，广播已不再是当年的广播。可无论时代怎么改变，在我的心里，广播始终是最有情怀的媒体形式。

七十年，祝江苏人民广播电台生日快乐！

七十年，轻舟已过万重山。

七十年，下个，路口，见！

# 杭程

说话,是主持人的技能;倾听,反哺着主持人的成长。

## 我是杭程，我在听！

杭 程

杭程，现主持江苏音乐广播《摩登派》节目。获中广联"全国最佳音乐主播"，中广联"全国旅游美食文化传播力优秀人物"，江苏广电总台主持人"银荔枝"奖。

"从前日色变很慢，车、马、书信都慢，一生只够爱一人。"还记得，那些以书信往来传达心意、寄托想念的岁月吗？上世纪90年代，广播节目中，听众与DJ互动的唯一方式，就是写信寄来电台。正应了那句歌词，"回不去的那段相知相许美好，都在发黄的信纸上闪耀。"

我来南京读大学时，广播最火的互动方式是热线电话。每晚宿舍熄灯后，我都会听不同的人打进热线，跟广播主持人讲自己的故事。广播，就有着一种可以拉近人与人之间距离的魔力，而我，很想做那个可以听别人说话的人。

2004年春天，我在当时的FM97.5文艺频率有了属于自己的第一档双座节目，每天中午时分的《流行男女欢乐派》。那时在直播节目中的互动方式已经是发短信了，而且短信SP信息费还比较贵，1块钱1条。即便如此，每天一个小时的节目也都有几百条消息蜂拥而至。当时我想，原来让听众喜欢你，并不是很难嘛。

不久之后的一天，由于搭档身体不适，我需要第一次单独直播，可那天不管我如何使出浑身解数，也就只有两三条留言。下节目后才从导播口中得知，当天互动平台升级改造，在新的系统

▲大学时作为嘉宾主持人参与江苏电台的活动

▲ 2022年荣获中广联"全国最佳音乐主播"称号

▲ 2020年荣获江苏广电总台第三届主持人"银荔枝"奖

上,早已有上百条听众留言,只是我都错过了。事后我很懊恼,因为自己的单人直播首秀闹出这么大一个乌龙。但更多的是一种敬畏,这让我明白,听众愿意和你这个广播里的主持人说话,不是因为你有多优秀,而是因为你有一个强大的平台在支撑你。

2017年,我的《摩登派》节目在FM89.7江苏音乐广播晚高峰时段正式开播,同时成立了节目的主持人工作室,我也开启了一种新的广播音乐节目制作模式,我需要在现实生活里和听众们走得更近、绑得更紧。

于是,我让大家加我的私人微信号,开始和听众做那种可以在朋友圈给彼此点赞评论的微信好友。就这样,我从1个手机1个微信号,到现在每天带着3个手机,跟5个微信号上的3万多人时时刻刻在一起。我能随时随地听他们说话,他们也会给予我最真实的反馈和强有力的支持。就如同当年打进

▲ 2021年《摩登派》获评"江苏十大新锐品牌"

热线电话一样,虽然与听众联系的手段变了,但这份浓浓的爱与深深的信任却不曾改变。

这些年,从门户网站讨论版、微博、微信公众号,到我们江苏广播自己的APP,听众与DJ互动的方式愈发丰富、愈发便捷,我也相信,未来还会出现更新颖的通讯方式和互动手段,但借由电波产生的这种奇妙连结,依旧会非常纯粹,因为属于心底的同频触动才是最打动人的。就像歌词里唱的一样,"给你我义无反顾的长长久久,给我你多年以后仍握紧的手。"

# 我的舞台

尚 华

尚华，现主持江苏音乐广播《午餐音乐》节目。获中广联"全国十大音乐DJ"、江苏广播文艺奖一等奖、江苏广电总台"优秀记者"、江苏广播"优秀主持人"；江苏省流行音乐学会常务理事。

十五年前，我从音乐学院毕业，当年已经在全国拿过几个原创音乐的奖项，本可以选择努力跨入乐界做一名音乐人。也是那年，江苏人民广播电台正在吸收新人，我带着对流行音乐的喜爱，还有那么一点点想要跨界的不安分，义无反顾地选择了江苏人民广播电台音乐频率，成为一名话筒前的广播人。

这是一个正确的选择。因为在江苏人民广播电台这片土壤，一切皆有可能。它让一个不是播音科班出身的主持人，感受到大环境带来的无限包容，并自由生长。

我爱电台主持人这份工作，我爱媒体人这个身份，我爱江苏广播充满活力和创意的氛围，也是这片土壤给予了我无限的灵感与养分。后来的这几年，我的工作又从三寸直播台扩展到更大的舞台。

尚华

音乐电台是我梦开始的地方。未来的江苏广播,将会带领我们去往更大的舞台。

2014年，第一届咪豆音乐节横空出世。这个在南京土生土长的、后来又席卷全国的音乐节，谁能想到最初的策划团队只有区区十多位新老 DJ，所有的执行团队仅是一家 50 人的音乐电台呢？连续三届，我作为 LIVE 歌手登上了咪豆音乐节的舞台，当镁光灯聚焦在我脸庞的那一刻，我相信自己实现了歌手梦。时隔多年后再翻老照片，发现这也是江苏音乐广播把音乐版图迈向全国的梦，我很幸运，为这个梦想的版图贡献过力量。

江苏音乐广播的电台频宣里，有一个关键词是"音乐行家"。在这些年发展的道路上，我们尝试做过各种与音乐相关的舞台呈现。那些年音乐广播过生日或跨年，一定会给听众歌迷带来丰富的视听盛宴。我们开办 DJ 演唱会、艺人歌迷会。每到活动忙碌时，都是我和同事们最快乐的展演时光。为了能在舞台上有更专业的呈

▲音乐广播 18 周年晚会 与周传雄合唱《北极雪》

现，一首歌可以在台下与乐队反复磨合好久；那些反复跑录音棚，为了去租一件趁手的乐器、淘一件合适的舞台服而奔走的场景还历历在目。

江苏音乐广播还推出过两场本土爆笑话剧《DJ 很忙》《我们永远在一起》。特别之处在于，演员全部都是由音乐 DJ 组成。当年我在剧组饰演的那位天真善良的"珍珠"，代表了真善美的形象。三个月的排练，背下像一本书那么厚的台本，场场哭戏走心……那些年的舞台表情至今还会被听众提起。我相信，听众记下的不仅有我的表演，更是记下了音乐主持人用心努力的样子。

如今，我依然在这里，我爱的江苏音乐广播。

在这些年里，我爱我的直播台，和那些大大小小活动的、比赛的、演讲的舞台，更珍惜那些因为热爱，而偶然发生的"业内跨界"的舞台。这也是我一直以来热爱着江苏人民广播电台的原因，因为它的强大包容鼓励创新，才有了我们青年人敢于去创造、去尝试的动力，更有了站上更大舞台的底气。2023年，江苏人民广播电台也迎来 70 周年的高光时刻。我想，我会一直在这里，陪伴我爱的平台度过这一辉煌的生日篇章。也期待未来在这片土壤上，创造、见证更多年轻人的崭新跨界。

# 平台的力量

林 晓

林晓,现主持江苏音乐广播《音乐活力派》节目。获中广联"全国十佳娱乐主播"冠军、江苏广电主持人"荔枝新秀"奖、江苏广播电视总台第七届"十大青年才俊"、江苏广播"优秀主持人"。

至今回忆起2018年中广联全国十佳娱乐主播大赛夺得冠军时的情景,我还是会觉得激动,"你不是一个人在战斗",我所走的每一步,都凝聚着集体的智慧。江苏音乐广播目前有7位全国十大DJ,我想每一位都跟我一样,会因为深刻地感受到因江苏台的影响力赋能自身而兴奋,这就是平台的力量。

还记得第一次上直播的紧张,生怕说念错一个字,但也会因为得到听众的回应而感到惊喜和满足:原来广播节目直播是这样有魔力!

近两年的一期节目里,有一位听众来留言,大概意思是,刚开始听到我的节目时我的表达还是青涩的,这几年好了很多,为我加油。这条留言很触动我。现在的我比刚入职时多了些历练,不论是制作主持日播节目,还是参加全国行业大赛,或是连续多届主持咪豆音乐节、台内听众节晚会等大型活动,都让我特别感谢和珍惜我的平台,是平台给予我的养分,帮助我积累沉淀至此,才有了上述这位听友的肯定。我会时刻提醒自己,要谦卑、要学会沉下心来做业务,反哺平台。

▲ 2018年全国十佳娱乐主播大赛现场

在一个强大的平台上,任何优缺点都会被放大,但同时,我们也会收获近

▲ 直播节目进行时

乎"无条件"的信任、支持和爱护。记得有一次节目的话题讨论最想念的家乡味道，我说起小时候最喜欢吃外婆做的面食，工作之后时常想起这个味道。结果没过几天，一位阿姨带着亲手做的糕团送到了台门口，笑嘻嘻地用南京话跟我说："趁热吃，你要是喜欢吃，阿姨再给你做！快去忙吧，知道你们忙，我走了！"我站在原地，久久都没缓过神儿来。

这样的事有很多，经常有听友留言说"上车第一件事就是先打开897，上班路上听着节目嘴角不自觉上扬呢！""林晓，今年跟你的旅游团出去很开心，下次你带队提前通知我们哦！"……我深知这些都是因为我身处在一个好的平台而得到的赞誉和信赖。有的听友刚听我的节目时还是单身，后来带着伴侣一起听，再后来，带着孩子一起听，我时常觉得，用心做好节目，是对平台的负责，更是对这么多信任呵护我们的听友的反馈。

2022刚开年的时候就跟朋友开玩笑地说："今年是我进入江苏人民广播电台工作的第七个年头，会不会有'七年之痒'？"答案是会。而且每一年都在"痒"：是那种总是想要再向前的"痒"，是线上节目常创新、线下活动也必须做得有声有色的那种"痒"，是面对传媒环境的不断更迭觉得我们一定能行的"痒"。不安于现状，不抱怨挫败，只一往无前，这样的"痒"其实就是拼和闯的代名词，而这些早已融入每一个江苏广播人的血液里，体现在我们的行动中。祝江苏人民广播电台70周年生日快乐，希望可以为我珍爱的平台贡献更多力量。路漫漫，我们一起走！

# 我的馨动音悦时光

馨 悦

馨悦，现主持江苏经典流行音乐广播《美好时光》节目。获江苏广播文艺奖一等奖、江苏播音与主持作品奖二等奖、江苏广播"十大名牌节目"、江苏广播"优秀主持人"称号。

1995年夏天，我参加了FM97.5江苏文艺广播主持人大赛获奖。半年后的某天，因为一个临时顶班任务，我误打误撞开启了话筒生涯。

2000年时，人们喜欢从广播里第一时间获取讯息，手机也还是稀有品种。周末我们设计了新玩法——由听众透过传呼台提出对节目的实时创意，例如"请主持人立刻出街进行某项职业体验"等，我们四位主持人再兵分两路，一路留在直播室直播，一路用手机连线直播室做街头体验式直播，你不知道可爱的听众们会提出什么奇思妙想。这样的节目形式利用了广播"短频快"传播特点，当时在全国很有创新性。

2007年到2008年，我担纲制作《德基爱乐橱窗》，这是一档开设在德基广

▲ 2007年，《德基爱乐橱窗》透明直播室

# 馨悦

积极饱满、热情温暖,坚持一份"真"。

▲ 2019年馨悦姐姐在三八保育院和孩子们一起过"六一"

场五楼的透明直播室节目。从节目设想、合作洽谈，到直播室设计搭建以及现场主持，我全程主创。从这个漂亮的透明直播室里流淌出的音乐：新世纪音乐、弛放音乐、古典小品等，有着"城市上空的音乐名片"的气质定位。

此时及之后的FM97.5已经"转移"给江苏经典流行音乐广播。那时候的音乐策略，我的理解就是"惜字如金"。这段转型期之后，FM97.5的收听率"一骑绝尘"。语言的尽头，是音乐的开始啊。

《天天点播》《天天好时光》《午餐的约会》《美好时光》……我的节目时段一直在中午，我还是这个我。我想，后类型化音乐节目时代，坚持一份"真"，是非常重要的。真切地感知当下，用心分享是不会错的。就在刚刚，我翻看互动信息，看到一段节目听评专家对《美好时光》节目的抽评记录：

碎片化短音频加入之后的新布局，并没有限制和淹没该主持人的特点，而是依然彰显出积极饱满、热情温暖的主持个性。声音状态无年龄感，既非刻意装嫩，也无文艺滤镜，有的是贴合自身年龄且与975相匹配的内心成熟。节目在意普通人的生活、关注身边的人、放大听众个体，是一档有温度和可听性的节目。

一路走来，一路成长。我从青春小女孩，变成一个小少女的妈妈。我在广播里的角色，又神奇地变回"馨悦姐姐"。初心是"给孩子读故事"而制作的《馨悦故事会》，在FM97.5的周末播出七年了。给孩子一片纯净故事天空，《馨悦故事会》连续三年被评为江苏广播优秀栏目，可见如今全社会都在关注和重视儿童的成长。

在一个多变的时代，热爱不易。请让我们浅浅爱、轻轻听，偶尔怦然心动，以温馨老歌愉悦时光……

# 吴俊鹏

当年做医生,我希望救死扶伤、药到病除。如今做主持人,我可以慰藉心灵,传播美好……

# 从医生到主持人的旅途

吴俊鹏

吴俊鹏，现主持江苏经典流行音乐广播《时光照相馆》节目。获中国广播电视大奖提名奖、江苏广播文艺奖、江苏播音与主持作品奖及江苏广播彩虹奖一等奖。北京奥运火炬手。

时光倒流回 2006 年。那一年，我正在纠结选择手术台还是主播台。从那时到现在，不断有人问起：放弃了医学院学到的医学知识，放弃了当医生救死扶伤的成就感，你有没有后悔？

我不后悔，觉得自己非常幸运，因为我找到了自己钟爱的职业。

2006 年底进入江苏人民广播电台时，我只是个广播爱好者。没有专业的音

▲ 专访法国女演员朱丽叶·比诺什

乐储备，也没有丰富的广播节目制作经验。到了自己喜欢的岗位上，我发现对广播仅仅有热爱不足以支撑自己成为想象中的优秀主持人。于是，我从头做起！我用心听每一首歌、每一张唱片，去挖掘歌曲背后的故事。当年在医学院培养起来的永不言弃的精神，让我执着面对工作中的每一项挑战。老师传授给我的科学、严谨、求实的治学态度始终伴随着我，让我得以胜任经典音乐电台的各项工作。可能是做过医生的缘故，小到一首歌的入库，从曲目、演唱者、角色、情绪、活力、节奏等，到全天节目的编排，我都用外科手术般的精准细心完成。

而在艺术的领域里，我不断扩大自己的世界版图：

在纽约中央公园，和全球乐迷一起为约翰·列侬庆生；

为了解最纯正的百老汇，可以天天泡在42街剧院区把经典剧目看个遍；

在澳门，通过一场纪念音乐会，我从歌迷、亲友的口中了解到最真实的陈百强；

在南京，寻访歌剧《拉贝日记》的幕后点滴；

在扬州，感受大运河沿岸的淳朴民风与民歌风情……

这个优秀的平台不断促使我把旅行、音乐与艺术融入生活中，通过持续自我提升，在成为优秀主持人的道路上锐意前行。我也意识到，医学院对我进行的训练适用于任何领域，严谨早已印刻在骨子里。

过去16年，无论是主持或代班，我曾经出现在全天24小时的节目中。《午后咖啡馆》《星光磁场》《音乐在旅途》《时光漫步》《时光照相馆》……每一档节目都领跑同时段所有电台。节目不断强化与听众的联系，无论是线上的"诗歌月"，还是线下的"旅途音乐分享""全民阅读公益朗读"，还有"爱心探访"等，到如今抖音、视频号等新媒体推广，一次又一次形式多样的活动，在拉近与听众的距离的同时，也为这座城市奉献着一颗公益的心。

几年前，世界级影后——法国女演员朱丽叶·比诺什来南京，我受邀对她进行专访，临近结束时我问她："是什么让你始终保持着对于表演的信念？"她说："我们演员只有不断更新自己，去寻找能丰富我们内在和灵魂的表演形式，才能一直保持热忱。"

在江苏人民广播电台，我已走过愉快的16年，我很清楚唯一使我一直走下来的，就是我做的事情令我无比钟爱和享受。前两天，办公电脑的硬盘突然坏了，许多保存多年的珍贵资料付之一炬，惆怅了两天之后豁然开朗，这何尝不是全新出发的启示呢？

当年做医生，我希望救死扶伤、药到病除。

如今做主持人，我可以慰藉心灵，传播美好！

生命继续向前，就让我们踏歌而行，

也祝你，一切都好。

# 我的"四时之诗"

## 燕 子

燕子,现主持江苏经典流行音乐广播《哆来咪之声》节目。2004、2006年度江苏广播优秀员工,2018、2021年度获江苏广播"优秀主持人"称号。

2002年我加入江苏人民广播电台,至今相伴成长20年。这20年,有我的"四时之诗"。

### 春

2002年,初来乍到,请多关照。

20岁出头,充满青春的朝气,带着满满的活力,从教师跨界成为一名新闻战士,从讲台上来到话筒前,我是一颗扎根在江苏广播的种子,在泥土的芬芳里汲取养分,在温柔的春风里用力生长。从最初播新闻,到做养生节目,在不同类型节目中,在不同老师的指导下,学习并精进自己的专业。

### 夏

2004年,FM89.7节目改版,点燃了我心中火一般的热情,鼓起勇气挑战了所在频率唯一一档制作人节目——房地产专栏《金陵家园》。从对开发商的一无所知,到后来近三十家房产广告的投放;从楼市小白到房产达人,让听众口口相传"买房子 找燕子",《金陵家园》曾在当年买房人心中如夏日阳光一般明亮热烈。

### 秋

2009年,频率改版,我回归最热爱的音乐节目,从类型化音乐节目到近些年不断创新,"音乐+亲子"的模式得到了家长的关注,孩子的喜欢。做好垂类节目,打造个人标签,我采访行业内教育专家近百人,应邀到学校做"燕子家长会"讲座数十场,举办亲子类活动百余场。主持的《哆来咪之声》拥有20多位

# 燕子

"春、夏、秋、冬"是四时轮转，也是成长年轮。

▲ 2018年,燕子采访歌手谭咏麟——"银河岁月40载"个人演唱会

▲ 夏令营之后,邀请璨璨和我一起主持江苏广播第一届咪豆童玩音乐节

特级教师、市区教研员、名校长等组建的专家团后盾,成为江苏广播年度优秀节目。针对家长制作的大蓝鲸短音频"燕子家长会"被家长们称为"科学育儿的行动指南"。2018年,创意并开展了"小主持人暨传统文化暑期夏令营",满员招募,口碑创收俱佳。

记得前来报名的有一个还没有上一年级的璨璨小朋友,平常跟着妈妈听节目,听到活动立刻来报名了。最初,我担心璨璨年纪小,加入小主持人班会遇到不少困难,没想到,璨璨十分努力,他认真参加每一次的基本功训练,每堂课积极发言,每天课程结束,还不愿离开,和孩子们围在我身边要继续听故事。营训结束后,璨璨进入了南京外国语学校仙林分校。去年,璨璨妈特地来台里告诉我,璨璨培训班结束后爱上表达,担任了学校里多场活动的主持,现在的理想就是长大成为一名主持人。璨璨妈说,越来越感觉2018年参加我们的活动是明智的选择。为了记住那一段珍贵的时光,她制作了一本"让回忆更温暖的——心书",还寄了一本给我,装帧精美,文字真诚,看了真是让人感动。

"音乐+亲子"节目的深耕,迎来秋日里的丰收季,领导的肯定,孩子的喜欢,家长的认可,听众的支持!还有"格力电器"从2017年起的主持人冠名支持!

## 等待新春

节目如何更好地融合发展,是我面临的新问题。我想,精品意识不松懈,音乐+亲子,从传统文化入手,带着孩子们进行一场系统的"古诗词之旅",培养一批"诗词带读人",和孩子们一起通过古诗词感受历经千年而不朽的绣口锦心。也以此为新的抓手,迎接新的春天,迎接江苏人民广播电台70周岁生日。

谢 阳

七十芳华正青春！

## 我在你的芳华里

谢 阳

谢阳，现主持江苏音乐广播《快乐星期天》节目。获江苏广电总台"十佳优秀员工""十佳制作人"、江苏广播"十佳主持人"。

第一次走进江苏人民广播电台，当时的大门在西祠堂巷。我的领路人是金陵之声的小桃老师。小桃老师走路如风、快人快语。那时的节目要先在录音间录制语言，再由后期制作人员剪辑合成。至今记得有一种特殊的只属于录音间、让我痴迷的味道；还记得当时录制节目使用的载体是硕大的开盘带。

之后有机会到了文艺部学习，当时《文艺天地》节目的海蓉老师等一批殿堂级主持人正风靡。我有幸参与了节目录制，第一篇稿子是李强老师执笔。李老师的文笔灵动鲜活、扎实丰厚，对我日后的节目组稿带来深刻影响。李老师后来成为我的领导，共事至今，受益匪浅。

江苏文艺广播成立，我的领路人是赵娟老师。声音载体也由开盘带变成了卡带。此时的我负责拆解赵老师节目的听众来信。毫不夸张，每天的信件像雪片一般飞来，一拆就是两三个钟头。同时我还要负责隔天播出的歌曲，从数百盘卡带里挑选，再用铅笔把磁带转到歌曲的播出位置。看似简单无趣的重复又重复，但给我日后的独立工作打下了坚实的基础。赵娟老师新闻播报功力深厚、广告营销更是一

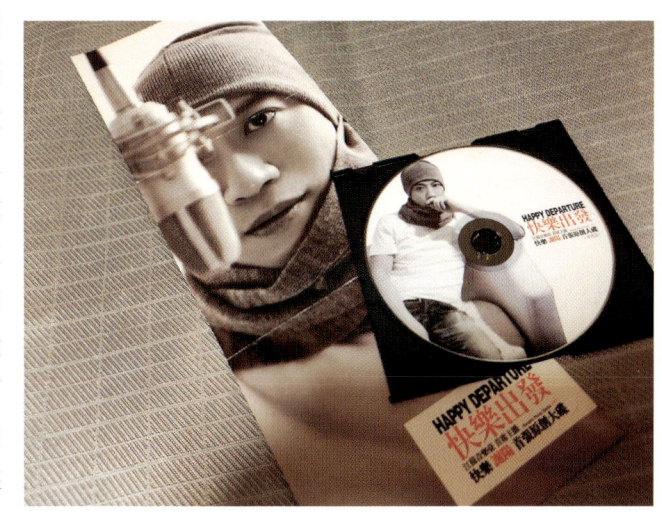
▲谢阳个人原创大碟《快乐出发》

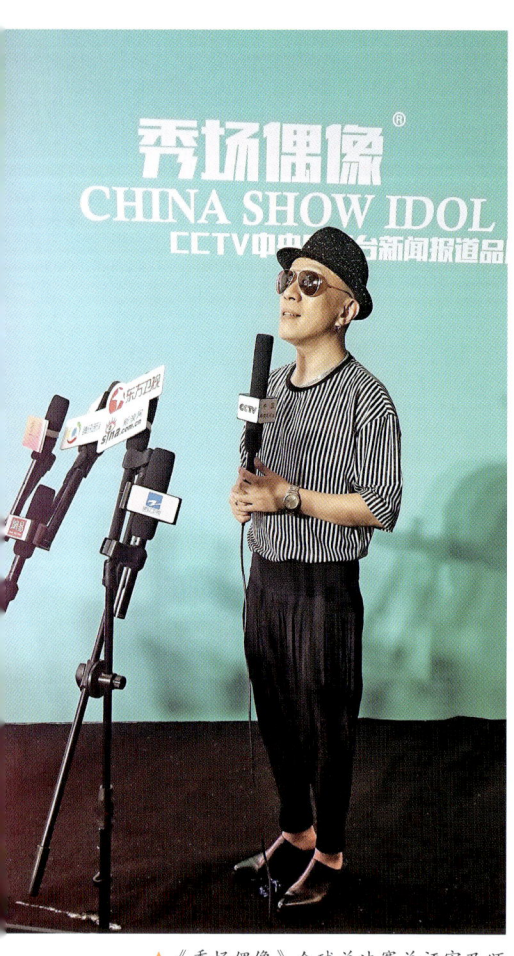

▲《秀场偶像》全球总决赛总评审及颁奖嘉宾

把好手。在日积月累的熏陶下,我开始蜕变成长。

适逢节目改版,没想到作为一个只在个别单元出声的实习生竟被推到直播台前,主持每天两个小时的《关心频道》节目,我的播音名叫"快乐谢阳"。

当卡带成为历史,声音的载体变成了CD,这时,我也由一个学生主持人正式成为江苏音乐台主持人。

至此,快乐谢阳经历了非类型化及类型化节目形态的多次革新与挑战。《五花大榜快乐点》在FM97.5和FM89.7同步并机播出,创造收听佳绩的同时获得了江苏人民广播电台创新节目奖以及十佳节目奖。

此后,一次节目改版中我再度拥抱蜕变,创办了音乐台的早班节目《早安八九七》,挑战如火如荼的早黄金时段。在领导与同事的关心和帮助下,节目取得双效丰收。在此期间,我也完成了在大行宫会堂两千观众的个人演唱会,这是江苏人民广播电台主持人的第一次。我要特别感谢夏冰与高放老师两位领路人的信任,让我再一次蜕变成长!

时光在走,声音载体也在前进。数字音频和新媒体的时代,又一位领路人大卫老师出现了。我也从广播主持人蜕变为融媒体主持人。从直播台来到镜头前,《快乐谢阳大蓝鲸》《都市新养生》;从围着明星打转来到群众文艺《快乐星期天》。此时江苏人民广播电台的大门已经从中山东路打开。

人生总会有遗憾。幸好有我热爱的话筒和不离不弃的听友,搀扶我撑过灰暗时刻,谢谢你们!

你恋着我我恋着你,当世界向你微笑,我就在你的泪光里。
你就是我我就是你,江苏人民广播电台七十载,我还在你的芳华里!

# 在变化的身份中，拥抱不变的初心

## 美 美

> 美美，现主持江苏经典流行音乐广播《正青春》节目。获江苏广电总台"十佳记者"、江苏广播"十大名牌节目""优秀主持人"。

人生天地之间，若白驹过隙，忽然而已，我与江苏人民广播电台结缘已有十八载光阴。

回首初见，那会我还是个南京艺术学院大一的学生，每晚睡前习惯听着广播入眠，爱听音乐，爱听江苏音乐广播。喜欢那时候的前辈DJ马力、晓蕾的《星月童话》节目，原来广播娱乐节目还能这么有意思。在他们的节目里，我听到江苏音乐广播正在举办DJ培训班，通过比赛获胜的佼佼者可以留下成为主持人。心驰神往的我参加了首届DJ培训班，几分努力，几分运气，过关斩将、披荆斩棘，我走到了最后。

第一次正式直播，我遇上了广播生涯的第一位老师，资深DJ谢阳。永远忘不了那时候青涩的自己，因为不是科班学播音主持出身，也缺乏实战主持的经历，一开始的节目中，我只会"嗯、啊、哦"地插科打诨。下节目，谢阳老师严厉地批评了我，他说："你没有准备好，就不要站在话筒前，要对听众负责，不能滥竽充数，想好了你为什么而来，初心能坚持多久？"就是这段话让我当头棒喝，也让我肃然起敬！

往后的漫长从业生涯，我一直秉承着"笨鸟先飞"的原则，每天听新老歌手的专辑分析思考，每天看各大网站最新音乐娱乐

▲ 2010年江苏音乐广播FM897"花朵绽放"演唱会后台 美美 谢阳

# 美美

用匠人之心努力做好一件事，是多么难能可贵。

节目借鉴模仿，每天关注时尚流行、社会人文阅读记录，海绵吸水般地坚持。这种学习的常态，我一直保持到今天。

后来的我，成为了江苏音乐广播的"百搭女王"，入台十年内，我几乎把所有的男主持合作了个遍。陆莹、唐炜、杭程，等等等等。陆莹的主持风格天马行空，我就不能再说重复累赘的话术，查遗补漏，才能如虎添翼，锦上添花。

唐炜的主持风格诗情画意，我就要及时主线牵引，实时给对方肩膀依靠，才能默契十足，创意满满。

▲ 2013年美美和陆莹采访歌手任贤齐

与人搭档主持，是搭节目，也是搭人品，是脾气的磨合，更是"双商"都要在线的淬炼。

如今，已过而立之年的我，从江苏音乐广播转战到江苏经典流行音乐广播。从清晨到深夜，各个时间段，各种节目类型，综艺、音乐、汽车、访谈……一一涉猎。伴随一年又一年的升级改版，《中午好》《五花大榜快乐点》《娱乐报》《美好时光》《正青春》……这些节目的名称，见证了我一次又一次的青春成长、完美蜕变。

近几年，我又开始从传统广播节目积极投身到网络直播领域。至今都记得第一场的视频直播，我有多么慌张。要记住所有售卖产品信息背景资料，还要实时与视频端观众听友互动……要言之有物，有知识点，还要有镜头感，有趣味性，整个视频直播的几小时，要眼观六路耳听八方，习惯了传统电台直播的我，又一次，迎来了新的起点和挑战。

未来，也许还会行路难，但我心依然，继续，向前！

# 张琳

这些年来,虽然我的工作只是大家想象中所谓的"放放歌、说说话、见见大明星",但这并不是一件容易的事。

# 来自我心

## 张 琳

张琳,现主持江苏经典流行音乐广播《听见回忆》、江苏音乐广播《星光音乐》节目。获中广联"全国优秀音乐DJ"、江苏广播"优秀主持人"、江苏广播彩虹奖一等奖。

日子过得真快,就像张爱玲说的那样:"对于三十岁以后的人来说,十年八年不过是指缝间的事。"回想2001年,我还是一个懵懂的大学生,由于我从小就是一个"广播儿童",上学放学,甚至做作业的时候都塞着耳机听广播,也在心里埋下了长大了要做一名电台DJ的梦想。

于是,怀抱着这样的热爱,大二那年暑假,我参加了当时江苏文艺频率主办的主持人培训班。至今我似乎都还能够回忆起那个炽热的夏天,我和那么多热爱广播的人一起坐在大录音棚里,看着曾经广播中出现的DJ给我们上课。

最有意思的是,我记得自己当年并不是因为声音特别动听给老师留下了深刻的印象,而是因为我写的一篇文章被当时的资深编辑范成斌老师看中,特别推荐给了台里,才让我有了面试的机会。幸运的是,我抓住了这个机会。

▲ 2003年《星光故事会》直播中

就这样,我毕业之后来到了江苏人民广播电台工作,算一算,竟然也已过去了21年。从当年凌晨三点到五点的《星光故事会》,到现在的《城市恋歌》《听见回忆》《星光音乐》,无数个和音乐、和听众相伴的岁月,让我觉得无比幸福。

回想在江苏人民广播电台工作的这20年中,我参加了一场又一场音乐盛会,采访了一位又一位优秀的音乐人和歌手，这些经历让我有了更加精彩的人生。

最让我难忘的是在 2015 年 6 月，我和 27 位江苏音乐广播的听众一起飞往台湾，开启了"江苏音乐广播·台湾民歌四十"之旅。

在这次音乐之旅中，我和听众们不仅参加了很有意义的民歌讲座，还观赏到了台湾校园民歌的现场 LIVE。但是最让我感到骄傲的是，作为当晚唯一进入后台的电台 DJ，我采访了很多资深的音乐人和歌手，听他们讲述自己的音乐经历，更和他们结下了不浅的缘分。

在日后的电台工作中，齐豫、潘越云、周治平、娃娃金智娟、南方二重唱、孟庭苇等歌手，凡是有最新的作品发表，都会优先在我的节目中进行深度访谈。我想，这也是作为一名音乐 DJ 最值得骄傲的事。

这些年来，虽然我的工作只是大家想象中所谓的"放放歌、说说话、见见大明星"，但这并不容易。我到现在都还记得采访歌手许巍时，许巍老师对我的采访在节目里忍不住说了声"真好"。还有采访音乐人小虫时，小虫老师说"张琳是我见过最有灵气的主持人"。

这些夸奖和鼓励，都是在漫长的学习和钻研中所开出的美丽花朵。如果没有江苏人民广播电台、江苏音乐广播这样优质而包容的平台，一个年轻主持人是不会成长得如此快速而优秀。而我也一直记得当年进台时，江苏文艺频率的蒋宁总监说："要做就要做最好的主持人，这才不会辜负这一份职业所带来的鲜花和掌声。"

江苏人民广播电台成立 70 周年了，我很荣幸和她一起走过了 21 年。未来的日子，我也将继续带着一份"热爱广播"的美好初心，努力坚定地走下去。各位亲爱的听众朋友，我们电波里再见吧。

▲ 采访齐豫、潘越云

▲ 采访歌手许巍

# 我的第一任电台领导

## 苏 文

苏文,现主持江苏经典流行音乐广播《听见古典》节目。作品获江苏广播优秀节目二等奖。

原中山东路西祠堂巷 8 号江苏人民广播电台,是我大学毕业刚走上工作的岗位,屈指数来快 30 年了。

90 年代初入职江苏文艺频率,分管领导是马慎龙主任和欧阳副主任,安排我录制晚间古典音乐节目《星夜音乐风》。那时候的节目流程都是逐字稿,非常认真,欧主任会在节目流程上写上密密麻麻的评语并理顺语句后才亲自送到直播室,这让我一个刚走上工作岗位的年轻人知道了一个领导干部的工作态度和细致的工作精神。

在平时的主持节目中,我跟老领导学了许多东西,我记得,古典音乐有些

▲ 1995 年 FM97.5 江苏文艺频率直播室

时光荏苒,江苏人民广播电台70周岁了,我也度过了最美好的30年青春年华。茫茫来时,不忘最初。

苏文

作品的篇幅比较长，他会从听众的角度觉得不太合适，就会通过对讲跟我说："播放音乐最好不要超过五六分钟，太长了听众没有耐心。"这就培养我今后做节目的一个好习惯，音乐选择不能太冗长。另外，直播时的语言表达不能太书面化。有一次我直播结束，迎面看到欧主任站在门口，黑着脸对我说："不会说话请闭嘴！"我纳闷刚才的直播没有问题啊，主任告诉我："你刚才通篇都是在念稿，文字都是从书本上抄来的，一听就是书面语言，要变成你自己的口头语言进行二次创作，听众才能听明白。"这培养了我今后做节目语言表达的良好习惯和功底。我现在回想起我们江苏人民广播电台至今还能位于全国广播行业的一线阵容，和我们的老前辈老领导狠抓业务的敬业精神分不开。

我在江苏人民广播电台主持古典音乐节目快30年了，目前江苏上空为数不多的传播高雅古典音乐的专题节目就是江苏经典流行音乐广播我主持的《听见古典》，这是一份坚守，一份责任，是当今信息碎片化、快节奏的背景下给予人们的心灵抚慰，是我从儿时刻苦学艺到现在成为一名还算合格的音乐传播者的初心不改，这些都离不开我们电台老前辈老领导的悉心培养和谆谆教诲。

▲ 2019年江苏新年音乐会现场采访俄罗斯指挥家及中国青年钢琴家

▲ 2018年，与香港雨果唱片公司董事长、著名录音师易有伍先生及江苏音乐广播前总监高放先生合影

# 王辰

我会努力掌好舵,让这艘大船带着更多期待驶向远方。

# 广播是船，载我到梦想彼岸

王 辰

王辰，现主持江苏音乐广播《漫游音乐》节目。获中广联"全国优秀DJ"奖、新浪微电台2012年度十佳广播节目、江苏广播"优秀主持人""新锐主持人"。

江苏人民广播电台70周岁了！它像一艘巨轮在广播事业发展的汪洋中不断前行，而我很荣幸，在这70年的航行中有我12年的陪伴。

我与江苏人民广播电台的缘分，要追溯到学生时代。在南京师范大学读书期间，我考入了校园广播台。2008年，江苏音乐广播联合南京各高校广播台成立了"校广至尊联盟"。作为联盟成员台的代表，我也有幸被邀请参加江苏音乐广播的导师见面活动，也终于在现实中见到了广播里早已耳熟的明星DJ们：尚

▲ 2008年江苏音乐广播校广至尊联盟挂牌，南京师范大学广播台

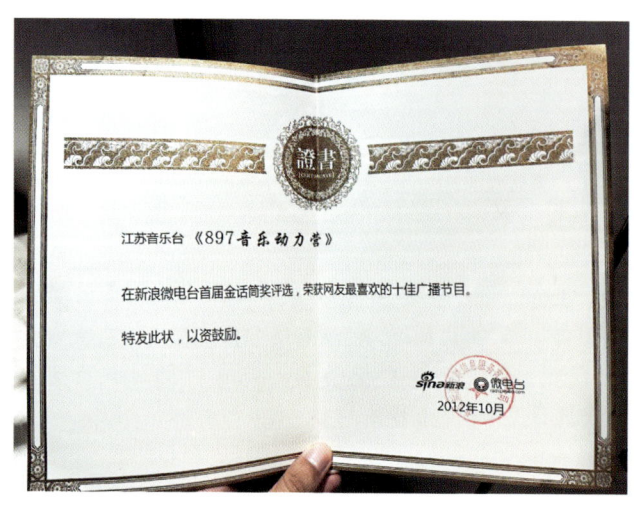

▲ 2012年，《音乐动力营》获得了微博网友评选的最喜欢的十佳广播节目

华、美美、李遥等。记得那时，看到他们站在台上用声音带来快乐和阳光，我真的好羡慕！之后的联盟好声音选拔活动中，我努力表现，终于征选进江苏音乐广播录制广告、形象宣传和单元节目。那一年，我也成为了江苏音乐广播空中声音家族中的一员。

为了持续激发节目研发创新动力，江苏人民广播电台于2010年推出首届"创意星主播大赛"。抱着试试看的心态，我报名参加了比赛，与当时的实习导师尚华搭档推出了"音乐+广播剧"的《魅力偶像剧》单元节目。小而美的节目呈现，赢得了专家评委的一致认可。那一年比赛，我获得了铜奖，也更加坚定了自己要加入广播大家庭的决心。后来，通过总台校园招聘和层层考核，我终于迈进了江苏音乐广播的大门，成为一名音乐节目主持人。2010年7月，我主持的第一档音乐节目《897淘音乐》在江苏上空首度发声。2012年，我主持的午后快节奏音乐节目《音乐动力营》还获得了新浪微电台评选的"首届金话筒——网友最喜欢的十佳广播节目"。

当然，我深深地知道，我的节目能得到全国网友票选的荣誉，归根到底还是因为有江苏音乐广播在全国电台中强大的影响力支撑。作为江苏音乐广播主持人，那时的我通过新浪微博，以及后来普及的蜻蜓FM、喜马拉雅、网易云音乐等各平台，也结识了天南海北的音乐人和音乐爱好者。我们除了相聚在广播节目的网络互动中，我们还在线下活动里相互奔赴。这些年来，我和热爱音乐的听众们唱着歌儿游走各地：2013年，与听众们一起去普吉岛海边唱响欢歌；2015年，带领听众去香港红磡亲临苏打绿演唱会；2016年，和听众一起唱着情歌去大理……

现在的我依旧做着热爱的事，带听众在音乐中漫游。我现在主持的节目是江苏音乐广播的《漫游音乐》。音乐是一片广阔的海洋，广播是一艘载你逐浪的大船，而我会努力掌好舵，让这艘大船带着更多期待驶向远方！

时至今日，广播依旧迷人！再一次真诚祝福江苏人民广播电台70周岁生日快乐！希望接下来的日子，让我们并肩前行，共同成长！

# 你想过吗？

## 凯 文

凯文，现主持江苏音乐广播《驾车音乐》节目。获中国广播节目技术质量奖（金鹿奖）录制技术质量奖，江苏省广播电视录制技术政府奖，江苏广播"优秀主持人"。

"——你曾经想过放弃梦想吗？"

"——我想过……"

大家好，我是江苏音乐广播主持人凯文。江苏人民广播电台成立70周年，我在2016年正式入职，掐指一算，刚好七年。

我与西祠堂巷8号结缘于2015年的冬天。因为临近毕业的就业压力，感觉那年杭州的冬天格外冷。当时身为播音专业的准毕业生，那是我第一次想要放弃梦想：我的"广播梦"。

因为我所投递的主持人岗位只有两个名额，光我们寝室报名的就有四个。要知道，校园招聘面向的可是全国的毕业生，名副其实的"千军万马过独木桥"。

好在，我跨过了这条独木桥。

入职之初，我有幸参与到了第三届咪豆音乐节的工作当中。以下是当时我和总监大卫的对话：

"我初来乍到，就让我当志愿者组长了吗？"

"是的。"

"这多不合适啊……咱们

▲ "咪豆音乐节"工作照

# 凯文

致新广播人：万千利器，莫过于你的信念。

组几人啊？"

"你是唯一的组员。志愿者们的工作，关乎场内每一个组的运作，不容有错。"

于是，百余名志愿者调遣的工作落到了我的肩上。原来作为江苏人民广播电台的主持人，光会采编播，这远远不够。压力如山，那是我第二次想要放弃我的梦想。

在那一次工作中，我走出了这辈子最高的步数记录：46000。但好在最终一切顺利。

结束后，大卫总监拍了拍我的肩膀说："辛苦了。"当时，我有些委屈。

"哦，不辛苦。"

面对我的怨气，大卫问："音乐节有多少观众？"

我答："一万？"

"我们有多少执行同事？"

"五十？"

"作为个体，你是一对百。而作为集体，咱是五十对一万。实属不易，但对于我们来说，只有挑战自己的极限，才能完成这一切。"

"——广播电台像是一位老者，苍髯皓首。"

类似这样的话，从我职业生涯伊始，就有耳闻。这种观点背后的信息，大抵分为两面：一面是信息科技的高速发展；一面是对从业人员要求的提高。所以这需要有"以一对十"的勇气和付出。在后来的工作中，除了对传统技能的打磨之外，我力求让自己成为一名音频技工，把创意通过技术落地，制作更多有"当下感"的内容。虽然只是三言两语，但在这几年间，我遇到的困难数不胜数，想要放弃的次数可想而知。即便"隔行如隔山"，但想要"远航"，就该"疯狂"！不同的声音通过设备输入后都会有差别，我无法察觉，那我就不停地录；音频制作有基本框架和逻辑，我不了解，我就不停地问。几年坚持下来所收获的口碑和奖项，是对"挑战极限"最棒的奖章。

哪怕广播电台就是一位老者，那也是"鹤发童颜"。行业老，但里子新。

相伴七载，恍若数月之前，"西祠堂巷8号"的路牌才出现在我视线，如清风向我吹来。江苏人民广播电台70周年，我的广播梦，在此实现，而精彩也才刚刚开始。

"——你曾经想过放弃梦想吗？"

"——我想过，但我不会。"

# 娜一

广播与我,是坚定的双向选择,是长久的互相陪伴。

# 声音为伴，四季予你

娜 一

娜一，现主持江苏音乐广播《音乐活力派》节目。获江苏广播"优秀主持人"。

开始写这篇文章之前，我刚看完 Joyside 乐队在南京的演出。路上还在听《How I Love You》，"我是如此爱你"，边远在耳机里唱到"Reminds me of the golden sea we once sailed（让我想起曾一起航游过的金色大海）"这句的时候，视野里出现了电台尖尖的楼顶，眼前景和耳边歌，恰如其分：她的70岁生日，该和着这首爱意满满的歌，写点我与她的故事。

▲参加2022江苏广播主持人技能大赛

▲主持2021咪豆星球跨年狂欢夜派对

2020年夏天，我拿着报道材料和三支文竹来大院报道，毕业前和一些朋友深聊几次，他们很好奇，为什么我会选择来做广播，在他们眼里我的性格也许更适合在镜头前。我回答得有些搪塞："先就业再择业呗！"但其实心里打鼓：只用声音和大家交流，我能做好吗？而疑问也留在我自己心里：为什么我的第一份工作会做广播？

至于三枝文竹，送我的朋友说它象征着节节拔高、岁岁进步。如今想想，我和它们有点像：从幼苗变为茂盛，它们用了两年的时间，而我从广播小白变成自信的音乐DJ，也用了两年。浇灌我的正是广播大院，每一位提携过我指导过我的前辈，都好像是给我这枝文竹洒下几滴露水。两年的时间，我在这些养分下飞快地生长、拔节，对于我来说广播大院已经不仅仅是工作的地方，更是想要不断扎根去汲取养分的土壤，我梦想着有一天可以为西祠堂巷献出属于我的绿阴。

开始飘梧桐絮的某天晚上，节目即将结束，我收到了一条新的听众留言："娜一，你好，正在开车去接老婆下班，能点一首核糖体乐队的《肆梦》吗？我是主唱。乐队解散了，但是希望在回家的路上能和老婆听一听自己的歌。"

这是南京本土的一支乐队，之前参加过我们的原创音乐计划，所以很熟悉，巧的是上周某个时间，我还真播放过这首歌，于是在安全播出的前提下，替他放了这首歌。开了话筒，我说："解散并不是结束，就像这首歌的名字——祝你们记得做过的放肆的梦。"不知道后来他有没有听到这段话，但在这个夜晚，那场年少的梦回到了他的车厢里，很高兴在他短暂抽离柴米油盐的时刻，我是梦的布景人。

现在我可以直面两年前的疑问："为什么我的第一份工作会选择广播？"回答是，并不是我选择了她，这是一次双向的选择。

有人说新的一代正不断改变着广播这个传统媒体，但声音的温度，电波的交互，都是不可替代的陪伴，我想就是因为这个原因，我和她都愿意在马不停蹄的时代去陪伴更多的人，她看到了一个心怀温度的女孩，并且张开手臂接纳了她。如今我在江苏人民广播电台的羽翼下，在黄金时代的光照里，被保护着，被指引着，只要戴上耳机推开话筒，音乐与美好就如约而至，这是我和她心照不宣的默契，她带我进步，我陪她继续走。

70：2，短短两年，却愿意去眺望更多个两年，只愿我能陪她的时间更久，久到每个四季都能重写一篇和她的故事。

来一起吹蜡烛吧，70周岁生日快乐。

# 从借鉴者到编写者

## 笑 非

笑非，现主持江苏音乐广播《咪豆流行榜》节目。获江苏广播"新锐主持人"。

"流动的光阴，冲不淡记忆的声音"，这句江苏经典流行音乐广播的 slogan 是我对这个江苏系列台的初印象，因为在我之前生活的城市，只能听见这个频率。算起来我是"年轻一批"进台的 10 年从业者。"年轻"指的是 2019 年 10 月我才加入江苏人民广播电台的大家庭，算算也不过 3 年多的时间；"10 年从业"指的是我从事广播工作已经 10 年了。

1. "参考书"——抄抄？？？

小标题里的"参考书"到底是什么呢？2012 年大学毕业，我的音乐 DJ 生涯是从无锡开始的，你知道人总有做节目偷懒、犯难的时候，当我遇到业务上的瓶颈时，我总会借鉴 FM97.5 节目里 DJ 们的话术，他们的专业度让我深深佩服，也

▲ 2019 年第一次走进江苏音乐广播的直播间

# 笑非

写故事的人，如今变成故事里的人。

许生硬的模仿是我突破自己的"救命稻草"。但,模仿并不都是反噬的效果,慢慢地我也开始找寻属于自己的话术风格,从单纯借鉴到自成一派,这个"找自己"的过程持续了 4 年的时间。

2016 年的初夏,我听到 975 的节目里播着招聘的宣传带,4 年的积累,让我有想试试的冲动,报名、筛选、初面、笔试、业务测试、终面,我自认为胜券在握,可是最终也没等来录取短信。心灰意冷,这四个字是我对当年那次面试的概括,随之而来的是自我怀疑,自我否定,这个时间持续了 3 年之久。

2. "参考书"——吃透!!!

我相信最简单的一种上进的方式,

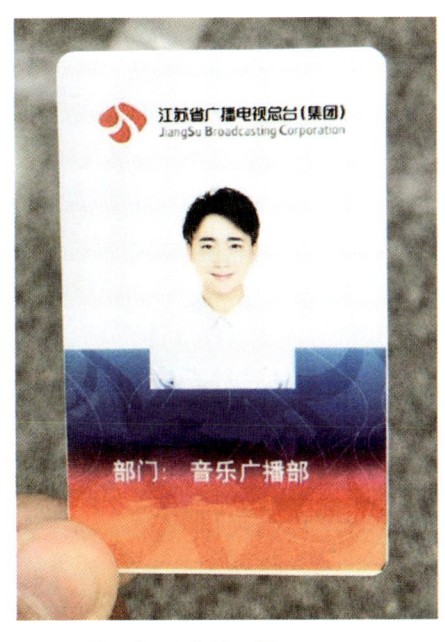

▲ 2019 年正式入职拿到工作证

就是厚积薄发,"找自己"用了 4 年,自我否定用了 3 年。7 年的时间也许是属于别人的自我安逸,可我用了 7 年来完成自己的不甘心,同样的报名、筛选、初面、笔试、业务测试、终面,在 2019 年再次上演。这次争取来的是当年社招唯一的主持人名额。我不能说自己有多优秀,只能说我耐得住性子等,忍得住寂寞练,练的是业务上的精进,等的是一份迟来的肯定。

3. "参考书"——编写!!!

相比较之前的工作流程,江苏人民广播电台的严谨,尤其是对稿件的字斟句酌让我既兴奋又惶恐,惶恐的是以前编稿子随意且没有逻辑,天马行空的没有依据,兴奋的是我终于学习到全国前列的媒体是怎样培养 DJ 和输出优秀的节目内容,虽然从业 10 年,但新环境带来的不适应,让我经历过阵痛,我相信假以时日,我也会成为其他 DJ 借鉴的"参考书"。江苏人民广播电台成立 70 年了,我的参与少之又少,但从进台那天起,我也是江苏人民广播电台发展的见证者和编写者,身在有着 70 年积淀的广播电台,我能汲取的营养远超我的想象。

庆幸的是我和江苏电台的故事已经开始。以后的日子里,江苏人民广播电台会有更多我可以参与的精彩瞬间,希望这部"伟大的作品"里,能够有我的"惊鸿一瞥"。

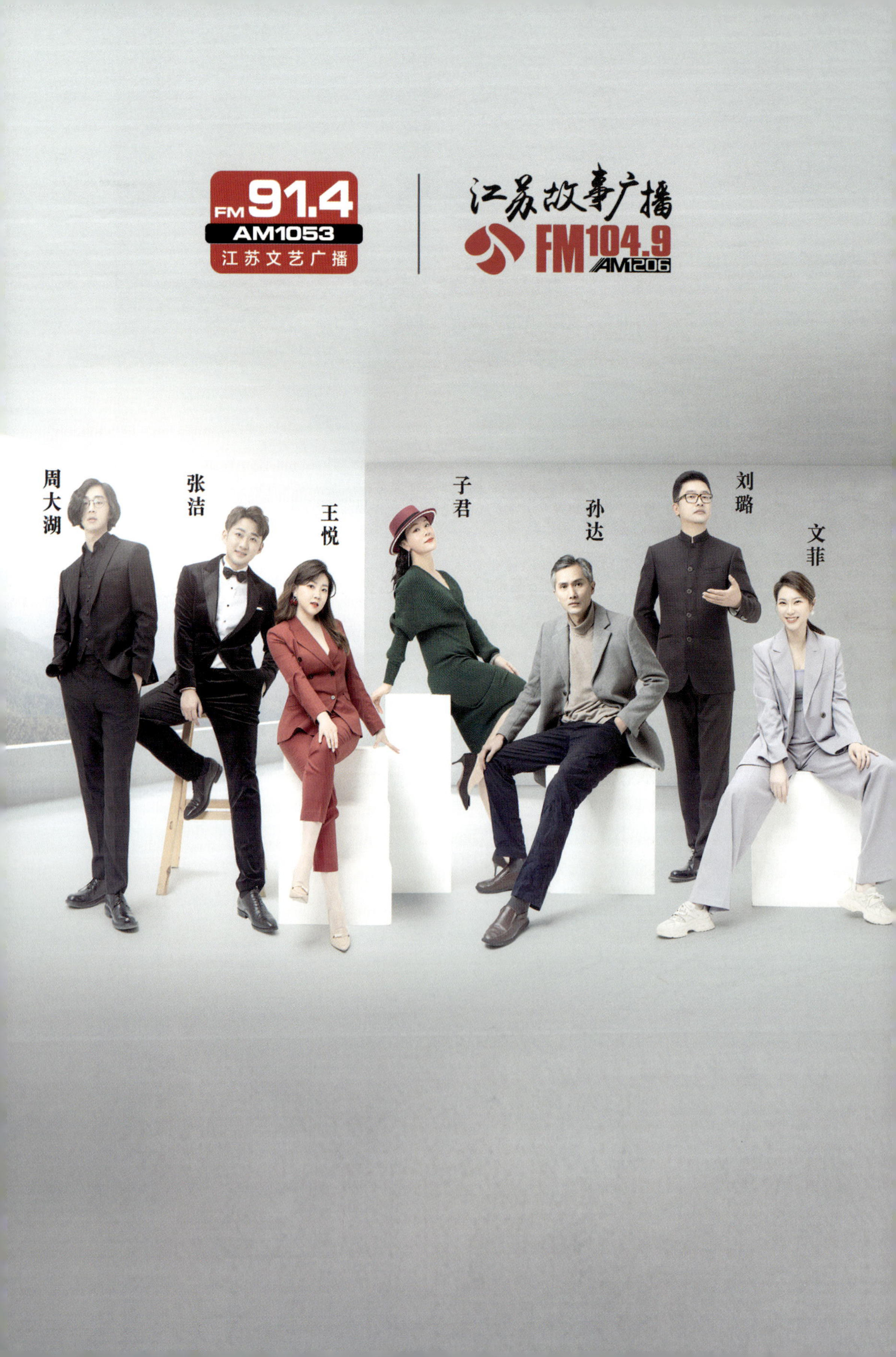
FM 91.4
AM1053
江苏文艺广播
江苏故事广播
FM104.9
AM1206
周大湖
张洁
王悦
子君
孙达
刘璐
文菲

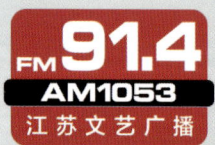

江苏文艺广播
**文艺914，就是有意思**

江苏故事广播
**听天下故事，品百味人生**

主持《梨园漫步》已经是我生命的一部分,为喜爱戏曲的人们构筑起温暖、幸福的精神家园。

刘璐

# 漫步梨园，做传统文化的摆渡者

刘 璐

刘璐，现主持江苏文艺广播《梨园漫步》节目。省戏剧家协会、省昆剧研究会理事，获中国广播影视大奖，中广联专家评析一等作品，总台"十大优秀员工""十优主持人"，江苏广播"十大名牌节目""优秀主持人"。

江苏是中华优秀传统文化的守护传承重地，也是一片戏曲的沃土，"百戏之师"昆曲在这里发源，传承于今六百多年；"徽班进京"从这里启程，绽放成为京剧艺术之光；江苏还孕育出锡剧、扬剧、淮剧、淮海戏、梆子戏、柳琴戏等多种地方戏曲。作为戏曲广播栏目，《梨园漫步》致力于展现戏曲工作者在优秀传统文化创造性转化、创新性发展中所取得的最新成果，为戏曲名家和戏迷票友搭建起沟通交流的桥梁，为听众了解戏曲、欣赏戏曲提供媒体平台。

我主持《梨园漫步》整整21年。同事们开玩笑说，如果21年前一个孩子刚出生，那么他现在应该快大学毕业了吧。是啊，创办《梨园漫步》时，我还是个广播新人，而如今戏曲拓展了我人生的半径，生命空间变得宽广而厚重。

其实，最初我做戏曲节目非常偶然。刚入台时，我主持早间资讯节目，有机会完成了"采编播合一"的转型。年轻的我对未来有无限憧憬，一心希望能钻进一个专业方向里，渐进积累地成长。于是，我向领导提出：让我来做做戏曲节目吧。

若说与戏曲的渊源，或许是从小受长辈的影响，爷爷奶奶的哼唱，还有跟着当教师的妈妈去学

▲ 融媒体演播室直播

▲ 应邀担任央视戏曲大会嘉宾（2018年北京）

校看文艺宣传队练功、排练节目，被戏曲唱腔深深吸引。上学后发现，戏曲是民族记忆的鲜活载体，历史书上那些文字通过五彩缤纷的戏曲变得生动、丰盈。听的是戏，眷恋的是乡音乡情。

我不愿拘泥于戏曲节目的传统套路——播放选段，主持人串场报剧名，我希望这是一档"时尚戏曲"节目，能随时点播、实时互动，符合更多当下人们的视听审美。我的小目标，要让戏曲界在这里找到归属感，戏迷在这里找到共鸣。后来，我又多了一份"野心"，要让广播业界在这里找到标杆。

《梨园漫步》不仅让戏曲有观众、有现场、有人气、有知音，而且还使不同剧种相互交流学习起来，成为有机的整体。在推广戏曲方面，《梨园漫步》开创了许多"第一"。比如：第一个在全国进行戏曲节目联动直播，与央广中国之声、上海戏曲广播、陕西文艺台等进行连线互动，听众反响强烈；第一个专门面向学生听众设置戏曲单元，周六开设假日版《梨园同乐会》，还开展了戏曲进校园、戏曲快闪等创新活动；又如，先后发起成立了江苏、长三角、全国的"戏曲广播联盟"，打造最具创新力、影响力的戏曲传播协作平台；第一个与网络互动的广播戏曲节目，从"网上戏迷论坛"到"融媒体演播室直播"，再到连续举办了三届的"全球网友戏迷大赛"，开创了广播戏曲与互联网融合的新模式，并打造了公众号、抖音号、视频号等融合传播矩阵，守正出新，让《梨园漫步》成为"流量密码"。

以节目为载体策划的"江苏中秋戏曲晚会"已成功举办十六载，成为我省每年一度的高水准戏曲艺术盛会和以弘扬传统艺术为宗旨的文化惠民项目，还被列为加快构筑文艺精品创作高地、着力推进文化强省建设的品牌活动之一。一台晚会能长盛不衰，如果要说有秘诀，那就是不断挑战与创新。

让中华优秀传统文化展现出永久魅力和时代风采，是从事戏曲文化传播的媒体人的责任。是戏曲使我青春无悔。

# 珍惜当下，心怀感恩，才能扬帆远航

朱 昊

朱昊，现主持江苏文艺广播《相约好时光》节目。获江苏播音与主持作品奖一等奖，江苏广电总台"十优主持人""十优记者""内容创制杰出员工"，江苏广播"优秀主持人"。

岁月不居，时节如流。再回首，我已在江苏广播写下十六载光阴的故事，在她70岁的时候，追忆往昔，那些年、那些人、那些事，那么美好、那么匆匆、那么清晰。

大学毕业那年，在家乡电视台或远方的拉萨电视台做一名电视新闻主播、南京师范大学泰州学院等几所院校的高校教师、江苏广播的一名DJ之间，我义无反顾地选择了后者，同时也感恩那一年，我热爱的平台也选择了我，就是源于这一次的"双向选择"，让我有幸成为江苏广电的一员，从而开启了我甘愿为之奉献一生的主播生涯。

从业的这些年，我一直都提醒自己，要常怀感恩之心，珍惜每一次开口说话的机会；常怀敬畏之心，应对每一次开拓创新的挑战。

2012年10月的一次早班节目中，我谈到直播前因为雨天路滑，骑着电动车狠狠地摔了一跤，车子摔坏了，裤子划破了，腿上还流了不少血，人倒是没什么大碍，就是走路有点一瘸一拐的。节目互动平台区随后迅速"热闹"了起来，有不少听众说要给我送裤子的，有要帮我修车的，还有做

▲ 2013年10月"旗袍文化体验之旅"活动现场

# 朱昊

人生海海,你所得到的一切,都是时间和平台结下的果实。珍惜当下,心怀感恩,才能扬帆远航。

医生的说要给我送药帮我处理一下伤口的，还有一位阿姨说她离台很近，等我下直播要给我送她亲手包的热气腾腾的饺子……我永远都忘不了那个阴雨天的早上，浑身湿哒哒，伤口隐隐作痛，内心却涌出一股暖流，眼泪在眼眶里打转，声音一次次哽咽。

往事如昨，岁月如梭。在江苏广播的这十几年来，还特别有幸作为江苏省高考、研究生考试和南京市中考的考场播音，每年都有机会通过自己的声音和很多的考生产生交集，陪伴他们度过重要的"人生大考"，至今应该有近千万人了。后来，他们中有的成为了我的听众，他们的父母和孩子成为了我的听众群"小螺昊"中的一员，有的还成为了我的同事，缘分啊，真是妙不可言！

感谢这流转的光阴中，有那么多听友的一路陪伴，让风雨无阻的一个又一个早班都显得弥足珍贵，充满能量和人情味。"大蓝鲸"客户端上的一声声"早上好！"，"小螺昊"听友群里的一句句"贴心问候"，"文艺中国节"活动现场的一张张笑脸，"文艺旅行家"旅途中的一幅幅大合影，是给予我这些年真心付出最暖心的回应。

人生海海，你所得到的一切，都是时间和平台结下的果实。珍惜当下，心怀感恩，才能扬帆远航。

感恩于生命中的每一天，可以通过电波，遇见那么多"熟悉的陌生人"，是你们让我的每一次直播发声都充满动力，变得有意义。

在时间的洪流中，在茫茫的人海间，感恩能有机会与你每天相约看日出，一路花香一路歌，共度当下好时光。往后的日子里，愿你我都能遇见更多生活中的小确幸，活在自己的热爱里，笑对沧桑，满怀希望。

▼ 2017年4月，"文艺旅行家"百人团跟着朱昊游埃及

# 范舟

青春正好,风华正茂。
永远年轻,永远向未来。

# 青春正好

范 舟

范舟,现主持江苏文艺广播《你好,我苏》节目。获江苏广播文艺奖、江苏广播剧奖、江苏广播彩虹奖等奖项一等奖、优秀栏目奖。

2006年毕业到现在,我在江苏广播工作了十七年。歌里唱"青春如同奔流的江河,一去不回来不及道别",江苏人民广播电台的地址从西祠堂巷8号变成中山东路132号,台门口经营多年的小饭店老板关了门回去养老,朋友圈里某个老听众从学生到为人父母……十七年,确是挺漫长的时光,会有"岁月不居,时节如流"的感慨。但我平时不怎么回顾过去,仔细想来,大约是身为广播主持人,一直有着"青春正当时"的自信。

"文艺"有丰富的内核,文艺广播的节目类型也是形形色色。毕业进台正赶上江苏故事广播成立,第一件事就是学小说演播。从毫无经验到初入门道,惊讶地发现自己对于声音角色扮演竟然还算有一些天赋和兴趣,于是就此打开

▲ 2015年"与听众互换岗位"活动,体验大猩猩饲养员

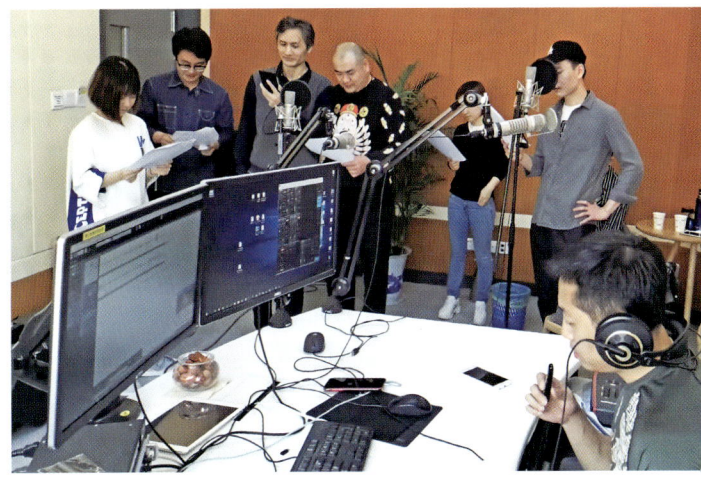
▲ 纪念南京解放70周年 广播剧《南京解放了》录制现场

▲戏曲名作高校巡演 戏曲头饰展体验 文艺广播主持人范舟（右）主持人王悦（左）

了配音世界的大门。后来陆陆续续主持了很多类型的节目，从情感到阅读，从音乐到诗词，有些是自己擅长的，有的是需要和听众共同学习成长的。所以这些年，总是在主动或者被动地学习新鲜有趣的东西。

其实不仅仅是保持节目内容的新鲜，作为一个江苏广播人、文艺广播人，要时刻了解现在流行什么、听众喜爱什么，研究互联网语言、视频制作，策划有创意的节目或者活动……时代飞速发展，广播已经不仅仅是声音的传播艺术，主持人也早就不仅仅是坐在话筒前。术业不止有专攻，我的同事们，有的成为某领域的专家，有的是互联网的热门博主，更有出色的活动策划人，而我也做了很多传统文化推广年轻化的尝试……在这样的积极的工作环境里，总是充满活力和创造力，用创新的思维去思考，用激情的态度去工作，成为了习惯。

因此，十七年的主持生涯就像一个神奇的盒子，馈赠给我各色新奇的礼物，让我保持旺盛的好奇心和永无止境的热情。所以，才能一直觉得"青春正当时"吧，永葆青枝绿叶般的青春，这种自信带来了"少年不惧岁月长"的勇气，也期待未来无限可能的自己。

青春正好，风华正茂。

永远年轻，永远向未来。

# 一生的幸运

## 聂 梅

聂梅，现主持江苏文艺广播《有声书房》节目。全国百优广播主持人，全国小说演播艺术家，省"十佳阅读推广人"，获江苏播音主持作品奖一等奖，江苏广播文艺奖优秀栏目奖。

多年以后，面对电脑屏幕空白文档上不断跳动的光标，聂梅一定会想起接到江苏经济台最后一轮面试通知书的那个遥远的冬日下午。那时的聂梅还是个外地银行的小职员，江苏广播的大门藏在一条叫作西祠堂巷的胡同里，电台直播节目是个新生事物，绝大多数中国人还没见识过。踩着积雪来面试的年轻人围在传达室里烤火，畅想着如果能成为江苏广播的"主持人"——即使对于这些文艺青年来说这个称谓也很陌生——那将是一种怎样精彩的生活。

请原谅我对《百年孤独》的拙劣模仿。这段文字被无数人模仿过，我之所以不避东施效颦之嫌，一者它是我非常喜欢的一部经典，也是我小说演播生涯中，演播过的最具挑战性的作品；再者，只有这样的文字才能表达我此刻内心的感受。

小时候喜欢听广播，尤其痴迷于"小说连播"，我经常会呆立在收音机前，没人时偷偷模仿那些小说演播艺术家，梦想着有朝一日也能成为他们。

大学毕业到银行工作，三年后终于考上江苏广播。十几年来主持过各种各样的节目，倒忘了最初的梦想。我热爱我主持过的这些节目——从旅游到音乐，从早新闻到情感夜话，从交通投诉到汽车

▲ 在《霍比特人》新书首发式上，现场演播小说精彩片段

# 聂梅

经常有人问我,当年你放弃了银行的"金饭碗",后不后悔?

我只想说,能够成为一名主持人,是我一生的幸运。

资讯……

直到 2006 年，到了江苏文艺台。

有一天，台里的前辈、江苏省第一位全国小说演播艺术家杨淮老师挑了我们几个主持人一起制作一部广播剧。录制完成后，杨老师叫住我，大声对我说：聂梅啊，你有演播小说的潜质啊！

▲主持作家余华的新书分享会

那时候我正主持一档汽车节目。这档节目我已主持了八年，把我从一个一窍不通的车盲变成汽车百事通。而杨老师的这句话，把我心中沉睡的梦想唤醒了。

两年后，我成了杨老师的徒弟，成了江苏广播第二个"演播者"。小时候的梦想居然成真了。

那是私家车走进千家万户的年代，各地的汽车节目都炙手可热，我的节目也算小有名气。汽车界的朋友对我的离开都很不解。我则笑称自己是告别江湖归隐山林了。

只有我自己知道，这山林中有鸟语花香，风光无限，令我沉醉其间。

2012 年新年伊始，文艺广播新设一档读书节目（即《有声书房》前身《新书快读》），时任副总监王海荣和策划这档节目的同事张德强找到我，希望我能担任这档新节目的主持人。我大为惶恐，说我阅读面窄，读的书也太少，哪能胜任这样一档节目！可他们却笃定地说，你可以的！

如今，我的广播生涯已经走过整整三十年。这是承载着无数荣誉与挫败、欢笑与眼泪的三十年。此刻，望着窗外的晚霞，我又想起 1992 年 5 月 4 日那天傍晚——

当时我完成生平第一档广播直播节目，骑车走在下班路上，夕阳透过梧桐树满枝的新绿洒下点点光影，轻抚我的脸颊……我听见自己在心里大声欢呼：我要起飞了！

经常有人问我，当年你放弃银行的"金饭碗"，后悔吗？

我只想说，能够成为一名主持人，是我一生的幸运。

# 王鹏

电波中聚会，天天把您陪，越听越有味，欢乐常相随。
——要问我是谁？代号王大嘴！

# 代号王大嘴

## 王 鹏

王鹏,现主持江苏文艺广播《曲苑茶楼》、故事广播《板凳故事会》节目。获中广联"十大书声主播",江苏广电总台"十佳记者",江苏广播"优秀主持人"。

某年某月的某一天,电台大门口有一位白发苍苍的老同志跟门卫交流说:"我最喜欢文艺广播的节目主持人大嘴巴,我想见他,我希望和他合影留念。"门卫就讲了:"老同志,你不能光靠一个外号就找人家主持人,你得告诉我人家这位主持人叫什么名字?"老同志一听:"叫什么名字我记不得,我就记得他叫大嘴巴。让我想想,他叫大嘴巴脸盆。"

——这是一个真实发生的笑话,大嘴巴就是我,我就是脸盆,不,我是王鹏。我是文艺广播的主持人,我的代号就是大嘴巴,人家也叫我王大嘴。为什么会有这个代号?这得从我刚到江苏文艺广播工作的时候说起。我是2002年来到文艺广播工作的,当时是在广告部做健康咨询类节目主持人。后来,到了2003年的时候。文艺广播在AM1053要单独做一组节目,于是在文艺广播内部挖潜,向各个部门征调人员。

当时,文艺广播广告部的主任常玕老师和刘二龙老师,就向时任文艺广播的负责人蒋宁总监推荐了我。为什么会推荐我?当时在文艺广播内部进行了几次联欢会中,初出茅庐的我表演了几个节目,赢得了满堂彩。我记忆犹新的一个节目是说电影《大腕》里面,李成儒扮演那个角色的台词。我一气呵成地说完了，而且表情丰富，大家当时笑得连筷子都扔到桌子底下去了。所以，他们觉得这个小胖子讲笑话儿有一套。大家一致表示给他做一档节目，让他说说笑话儿，讲讲故事挺好的。于是，我在文艺广播有了一档属于自己的节目《开心词典》。

一开始做节目的时候，我用的就是王鹏的本名。但是，当时叫王鹏的人太多了，以至于虽然节目的收听率很高，但是人家不太能记住我的名字，而且会把我和其他电台的同名同姓的主持人串到一起去。我就在想：如何才能让我的主持播音名有特色呢？老编辑范承斌范伯伯给我出了个主意："你在节目当中，可以给自己起个外号。"我就琢磨了，起什么外号好呢？胖子，大鹏，小王，都不行。后来，我一拍脑门想到了。我在节目里面，经常会穿插南京话，南京人把会说、能讲的人称之为大嘴巴。好的，我的外号就叫大嘴巴了，没想到这个主持播音名一下子就火了。大家觉得这个名字朗朗上口，挺亲切，就像在他们身边的一个人一样。以至于到现在，"大嘴巴"这个外号比我的本名还要响亮。后来，为了能够进一步有属于自己的"标识"，我就把我的姓加上了，我的代号就正式设定为"王大嘴"。

时光荏苒，江苏广播已经走过70年了，掐指一算，连头带尾，王大嘴这个

代号在江苏广播的节目里面也已经喊了20年了。我热爱语言艺术，经常参加曲艺演出，我是"相声张派艺术"非遗传承人、南京评话重要传承人。当然，我更热爱我的广播主持工作。在我现在主持的节目当中，王大嘴也成为了一个脱口秀小栏目的名称。我非常喜欢我的这个代号，相信这个代号还将在以后很长的一段日子里面继续陪伴大家，和大家一起开心高兴！

最后要和大家说一句话：记住了，我的代号是"王大嘴"！

# 与你一起的时光都很耀眼

## 文 菲

文菲,现主持江苏文艺广播《爱上国风》节目。获江苏广播社教节目、彩虹奖一等奖,江苏省未成年人教育先进个人,江苏广电总台"十佳记者",江苏广播"优秀主持人"。

"嗨,江苏广播,祝70岁的你生日快乐!"

今年,是我与你同行的第16年,未来也将继续与你:跋山涉水,步履不停。

前些天翻过往微博,看到2013年1月2日听众"小喵"的留言:"从小就喜欢听文菲姐姐的节目,虽然已经上初中,但还是会经常打开收音机。"原来"从小听你节目长大"

这样的话也曾有人对我说过。"小喵",如今的你是否也已经开启了人生的新篇章?

而我的新篇章要回溯到2009年,当时刚入职"江苏广播"第三年的"小年轻"在节目改版中策划了一档新节目《文菲的童话世界》,成为了一名"少儿节目主持人"。此前一直没找到定位的我做过音乐节目、情感节目……可万万没想到竟会和少儿节目如此般配。一年后在大家的祝福下我和"老字号"少儿节目《小星星》喜结良缘。

在"青春剧场"演舞台剧《加菲猫》过"六一",带小朋友走进电台探寻

"电波中的小世界",还有那些数不清的爱心公益行动至今都记忆犹新。其中每年组织听众带着可爱的小狗与自闭症儿童一起玩耍的故事仍在继续,亲历着那些来自"星星"的孩子敞开心扉、愿意表达的过程,也是给予自己力量的过程。每当他们开心地奔向我、拥抱我的时候,都会感觉自己是世界上最幸福的人。

回忆里和小朋友们一起的每一天都充满着快乐和能量,以至于在自己第一个娃呱呱坠地时,很自然地想到用"小星星"作为孩子的小名,让"小星星"成为生命中最重要的存在。

升级为母亲的我,也同时迎来了职业生涯的转型:由少儿节目主持人转型成为文艺访谈节目《文艺新天地》的主持人。这也是一档有品牌积淀的广播节目,前身《文艺天地》是由海蓉、夏冰等前辈创办的。作为接棒人该如何在传承中创新?又该如何跳出少儿节目的语态重新融入新的领域?

反复思考中我得出答案:归零,学习。在那几年中,读书、看戏、观展,和文艺有关的一切都成为了日常,以至于经常分不清自己是在工作还是在感受生活。访谈节目的核心也是故事,杨丽萍、张艾嘉、姜武、毕飞宇、老狼、旅行团乐队、民工歌手徐雷、手艺人孟骄……300多位嘉宾都曾在节目里为大家讲故事,而我的故事也因他们变得更加多元。

其中最为特别的是,2017年有幸成为世界知名城市"南京周"纽约站的民间十位面孔之一,在"纽约中央火车站"的人文客厅,通过节目和明信片的方式向全世界的朋友发出来自南京的邀请。

一切都是最好的安排。《小星星》让我和纯真、善良的小朋友们成为伙伴,感受"简单世界"的快乐;《文艺新天地》让我和不同领域里闪着光的大朋友相识,阅读"艺术人生"的精彩。

忽想起陈丹青先生的一句话:历史的过往是非常具体的,它在每个人那都是私人回忆。属于我回忆里的这些平凡故事因了你——江苏广播而发生,更因你而耀眼,是我和你的独家记忆。

感谢听众,感谢因节目相识的大小朋友,感谢搭档,感谢领导,感谢你——江苏广播。在未来的日子里期待与你,与你们继续互相成就。山高水长,映照初心,我们的故事未完,待续!

# 王悦

你的70年,见证了太多的成长;我的这7年,有一些关于成长的故事,一些关于成熟的理解……

# 我的 7 年，你的 70 年

王 悦

王悦，现主持江苏文艺广播《小星星》节目。获中国广播电视大奖，总局优秀少儿节目扶持奖，省广电少儿精品节目一等奖，江苏广播社教节目一等奖，江苏广播"新锐主持人"。

我的这 7 年，有一些关于成长的故事，一些关于成熟的理解。你的 70 年，见证了太多的成长，延续了更多的故事……习惯了一直向前跑，这一刻，我想暂时将时间存档。

2015 年的夏天，毕业后的我，第一次来到了南京，第一次见到了你。没有精心设计的开场白，懵懂地就开始了忙碌的工作。直播间需要外景连线，于是每天早上七点多钟，公园里多了一个和叔叔阿姨晨练的我；活动中需要策划与执行，于是我开始了解，广播到底可以做什么？又能为别人带来什么？第一次有机会坐在话筒前，听到自己的声音传出，紧张到脸涨得通红，却依然很开心。忙碌让人觉得充实，可总有一刻觉得心里空落落的，直到一次活动现场，前辈在活动的间隙捧出了一个蛋糕，生日那一天好像找到了一份归属感，原来你的每一份努力总会有人看见。

▲ 2020 江苏戏曲名作高校巡演 朗读直播车采访

常常说一句很俗气的话，"爱笑的女孩，运气不会太差"。其实，还有后半句，"运气太差了，那就多笑笑呗，不然还能怎样？"也许正是因为这样，

▲ 2018年，带着听众去台湾旅行

我收获了很多的老师，教我如何准备节目稿件，如何找到受众，甚至是如何沟通、讲话等等，很感恩，这里给了我很多次选择的机会，也给了我很多个容错的空间，让我在7年中慢慢地成长。我也相信，在江苏广播这70年中，有太多个"我"如此成长。

2018年，我带着听众一起去旅行，和听众们长时间在一起，听着他们聊起广播于自己而言的意义，是孤独时的安慰，是枯燥生活的亮点，是开心时的分享。旅程让大家熟悉甚至成为朋友，而平日里发声说话的主持人，此刻却变成了一位倾听者。有些年老的听众不仅自己的人生走过了70年，也与江苏广播的发展相依相伴，同行了数十年。而我只经历和参与了其中的7年时光，却在那一刻突然发现，听众们说起广播的陪伴，确实是一种特别的告白。在未来更多的岁月里，我是否也可以成为别人回忆中的故事。

2018年，我开始主持少儿节目《小星星》。两年后，恰逢中国人民志愿军抗美援朝出国作战70周年。于是，我们策划了反映抗美援朝时期由泰州少先队员们倡议、全国少先队员积极响应参与募捐购买飞机"中国儿童号"的选题，由对当时事件的回顾，挖掘出跨越时代的精神力量。为了客观地展现历史原样，我和小伙伴深入采访，并采取多种方式呈现，充分整合资料文献、图片、原声录音和当事人采访等内容。很多珍贵的资料通过这个主题报道重新和大家见面，而对这些素材搜集的过程，也是对中国少先队重大历史事件的一次发掘、整理和保存。2021年，节目组制作的专题《永远的"中国儿童号"》获得了中国广播电视大奖。这样的经历也在时刻提醒我，只有不断增强脚力、眼力、脑力、笔力，心中有光、脚下有泥，才有机会被幸运眷顾，收获成功的喜悦。

从0到70，你经历了属于自己的三十而立，四十不惑……

从0到7，我正在迎接属于我的三十而立，和属于我们的故事……

# 岁月如歌

**子 君**

子君,现主持江苏文艺广播《风从东方来》节目。作品获江苏广播文艺奖优秀栏目奖,江苏广播彩虹奖一等奖,中广联文艺奖专家评析一等作品。

岁月如歌。

敲下这四个字的时候,许多年已然过去了。但,总有一些日子和节点,像被镀了金的爱,在岁月的深谷里永远闪着光芒。岁月如歌——也许还有别的?于我,一个音乐节目主持人,在自然更迭的秋季蓦然回首,细说从头,它确如一首歌,经典永流传。

五六岁时,玩得满头大汗回家,妈妈抱起我,举在高高的五斗橱上。只见一个长方形的盒子,咖色边角,网格嵌着"春雷"字样。最神奇的是,这个东西会唱歌,里面还有人说话呢!无与伦比的美妙,顿时蓬荜生辉。

"这是收音机!"大人们说。

"人是怎么钻进去的?"小小的我问。

也许,正是从那天起,有些什么改变了。老式收音机像定海神针钉住了贪玩的小孩,从此耳朵发现了奇妙的大千世界。以致于脏的小手不忍触碰它的开关,小小心心但无限欢喜。若说电波情缘,初识纯属初恋。

同龄人,谁没有过

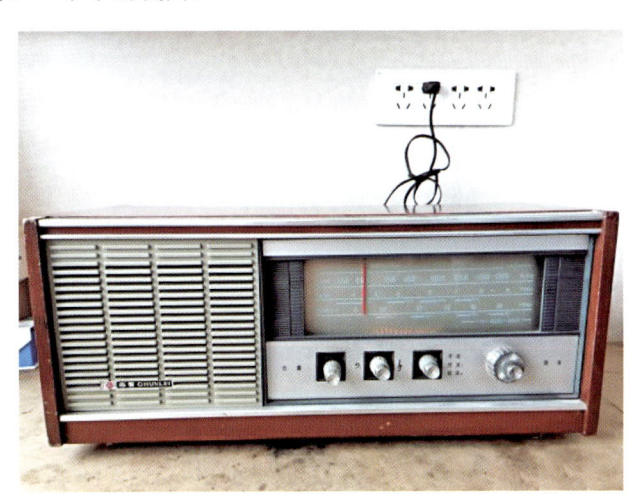

# 子君

　　流光暗哑，旅途无期。
　　话筒前说出的话，放过的歌，都是献给时光的情书。

相似的记忆呢?

伴随早起忙乱的,是中央人民广播电台《新闻和报纸摘要》,响彻神州的标准正声,记住了夏青、葛兰等前辈名字。

午休更是争分夺秒,边扒饭边竖起耳朵:《评书联播》刘兰芳、袁阔成们播讲的岳飞、水浒、杨家将,比历史书有趣多了。说的人抑扬顿挫,听的人最怕"且听下回分解",每一个明天都盼得结结实实情真意切。

夜晚的漫长因此而活色生香。放学后飞跑回家,为着桌上的家常香味,也为阔别一天的"好伙伴"。家人闲坐,灯火可亲,围炉古早风味的文艺好时光,彼时,世界很大很远,收音机里道来:从西伯利亚来的冷空气正在缓慢南下……寒流近了,母亲说该穿秋裤咯,父亲问冬菜要腌制些什么才好。我们才不管那么多,最重要的心事是老爷爷的故事——"小喇叭开始广播啦"。

那时候天总是很蓝,日子总过得太慢;总以为长大还遥遥无期。转眼间,求学、工作、迁移……和山川故人从此各奔东西。从琴棋书画诗酒花,到柴米油盐酱醋茶。岁月的歌体,也从小清新的民谣、流行曲、摇滚、歌剧,到民歌,乃至于轰鸣的交响曲。聆听变得如此快捷:从磁带到CD,从下载到蓝牙,变化的是音乐载体也是形式,不变的,是心中的旋律轻轻吟唱,一如多年前小小女孩第一次铭记音乐的那个下午。

因缘际会成为一名音乐DJ,每日金陵午后《风从东方来》,倾听民族的声音,感受民族的情怀。日常工作也是生活,听歌、选歌、放歌。于我,恰如念念不忘的故友重逢;将他们从操作台推出那一刻,仿佛焕发了新生,又是念兹在兹的必然回响。

也许有一天,我将按下休止符,像诗人所说"擦完了枪,擦完了机器,擦完了汗",那关不掉的收音机,那一曲曲唱给时光的情书——我会想念你们,招呼你们!

并且怀着骄傲,注视你们。

张洁

实现了自己的梦想,成为一名广播人。听见我的问候时,你在哪里?

# 嗨,你听见我了吗

张 洁

张洁,现主持江苏文艺广播《小星星》节目。获江苏广播社教节目奖一等奖,江苏省广电少儿精品节目一等奖,江苏广播"新锐主持人"。

"你好!我是江苏文艺广播的主持人张洁……"每天,我都会说同样的一句话,并且总想让自己把这几个字说得很亲切,说得很神圣,说得很有魅力。因为,这是我对听友们的第一声问候,其中饱含着我对主持人这份职业的自豪感,这句话还让我永远铭记自己广播梦想的起点。

多年前,我怀揣着对未来的憧憬来到南京读书,就读于南京艺术学院,播音主持专业。大学四年里听得最多的就是江苏广播的节目,穿梭在十个频率的

电波里，早晨与邓煌老师相约《阳光倾城》，下午在刘璐老师的《梨园漫步》听一曲昆剧《牡丹亭》，晚上一定走进成杰思的《男生宿舍》……我喜欢这些栏目，除了主持人声音的魔力，还因为我渴望尽快和他们一样，能成为集采、编、播于一身的主持人。

终于，通过校园招聘我加入到江苏广电的大家庭。我的梦想实现了！可以每天对着话筒说："我是江苏文艺广播主持人张洁……"

入职不久，我被抽调去参加第二届咪豆音乐节的现场执行。我跟随工作团队紧锣密鼓地完成各项筹备，活动的细节也在不断完善。十套频率的密集宣传，让现场一票难求。原来广播如此有号召力！里三层外三层的观众让我见证到广播的力量。而当晚7点半，一场持续了近半个小时的特大暴雨突如其来，设备无法正常运转，这时候曹格还没有上场，粉丝在大雨中不愿离去，现场负责人与没来得及演出的艺人上台与观众交流……这时候，我又懂得了，主持人的责任不仅仅是日常的采编播。2万多名观众们终于全部顺利散场，小伙伴们已经浑身湿透，裤子鞋里沾满泥水，我和现场的另两位同事，三个大男生抱在一起哭得像孩子一样。那一刻我明白了什么是广播人，什么是共克时艰、荣辱与共。

还有一种感动来自听友们。曾经主持《社区欢乐秀》栏目，我们会走到各个社区跟叔叔阿姨爷爷奶奶进行互动交流。小伙伴们很快发现，老人家们对功能复杂的手机"搞不定"。然而仅靠我们主持人，力量又太微小了。于是，我们策划了"志愿者进社区"活动。短短几个月，通过广播召集到的志愿者们已为超过9000名社区居民提供免费教学，不少上了年纪的大爷大妈们都能赶"时髦"，玩转智能手机了。

我们文艺广播有句口号：听见文艺的力量。我经常问自己什么是文艺？是林和靖笔下梅花的"疏影""暗香"，是苏东坡的"明月清风我"，还是柳永的"寒蝉凄切，对长亭晚，骤雨初歇"？文艺广播主办的活动无一不在"弘传统之美，见美丽中国"，文艺中国节、金陵相声大会、江苏中秋戏曲晚会，等等。前不久，我们刚刚打完一场战役，"2022江苏中秋戏曲晚会"成功主办。这次我重点完成越剧、黄梅戏与两部现实主义题材作品——锡剧《绣娘》选段、扬剧《装台》选段的演员对接与剧场录制。我与分别在江阴和张家港演出的两位主演周东亮和王芳老师电话沟通，商量出在他们演出"间隙"抢时间就地拍摄的计划。清晨，我们踏着蒙蒙细雨出发，连续两天紧张拍摄。星夜兼程，不只是为了完成任务，还有心中对艺术完美追求的炽热烈火。

"我是江苏文艺广播主持人张洁……"随着时光流转，我感到自己说这话的时候，已经越来越有底气了。

# 眼泪成湖

周大湖

周大湖，现主持江苏文艺广播《光影留声机》节目。江苏广播"优秀主持人""新锐主持人"。

写生活，写故事，终究还是写人。所有对江苏广播的缱绻，不过是因为这里有人情味。

## 2017 年 7 月 20 日

进台两个月后，迎来了第一次音乐类节目听评会。我还记得是在音乐广播的会议室，环境很陌生，气氛有些压抑，当时坐满了人，放眼望去找不到熟悉的面孔。评委一开口就批评了我，说我这个新人带有港台腔，说我做节目语言使用不规范，然后一个接一个地，我出于羞愧，低着头，默不作声。直到有一位评委，他提出了不一样的看法。他说，江苏广播从来就不是一个拘泥于播音主持专业的

▲周大湖与音乐人胡德夫对谈

# 周大湖

眼因多流泪水而愈益清明。

广播，《都市夜归人》的张艺、《蓝色音乐田》的刘伟、《飞一般音乐空间》的吴继宏……科班主持人也不一定有他们那份深刻的音乐见解，那种侃侃而谈的智慧，那些说透人生的洞见。语言规范可以慢慢培养，但更要珍惜主持人，我不知道你们忽略那些优质的内容表达而揪着这些"语音"是干什么……他讲得慷慨激昂，我听得潸然泪下。后来我才知道那是业内标杆李强先生。

## 2019 年 8 月 21 日

主持人每天都会想一个话题，方便直播时与听众互动。那天的话题是"小时候自作聪明的事"。一位花甲之年的听众"和平鸽"，她那天这样写道：记得有一次，妈妈把买的肉松装在一只大口瓶子里，我特别想吃，于是就偷偷地吃了两次。每次吃过以后，还用筷子挑挑松，自以为妈妈不会发现，可到最后也不知道妈妈有没有发现，反正我是既没挨骂也没挨打，就这么不了了之了。现在再想问个究竟，也已无法问到了。

这条留言出现得毫无征兆，眼泪也流得全无准备。小和平鸽的妈妈到底有没有发现？或许没有发现，所以小和平鸽才没有挨骂；又或许妈妈早发现了，但是这又有什么关系呢，妈妈爱着小和平鸽。这无处投递的问卷，早被时光模糊了答案，只留下确定的事，那就是妈妈永远爱和平鸽。

## 2020 年 1 月 21 日

忙碌了一整年，我准备抢过年的高铁票回武汉。当时全然不知两天后武汉就要封城。我和同事们在办公室讨论着这一轮流感的严重性，好几个同事建议就不要回武汉过年了。我心里很为难，你知道那种中国人不顾一切就要回家过年的情愫，另一边又是同事热乎的关心和返程后的忧心。碍于面子，我一咬牙就说不回了，完全没想过这意味着什么。下班后我和同事聂梅一起坐电梯，她回家，我去食堂吃饭。出电梯我已经转了个弯，聂梅喊住我，我说怎么了，她看着我微笑，张开手示意拥抱我，我一脸疑惑。她拥抱着我，在我耳边小声说，还是留在南京好些，但我心疼你不能回家过年。我这个迟钝的小子，当下毫无知觉，却后知后觉在稍后的晚餐中，觉得那天的饭菜特别的咸。别回武汉是理性的规劝，心疼却出自母性的慈爱。

我是周大湖，常常开玩笑，这湖就是一湖眼泪。我的本名叫周靖，爷爷是江苏靖江人，当年移居湖北武汉，知道故乡再也回不去，就给我取名"靖"以慰乡愁；轮到我踏上江苏广播的土地，就开始有了"周大湖"这个播音名，既是我的乡愁，也是我的眼泪。你问我为什么眼里常含泪水？因为我对这块土地爱得深沉。

# 一潇

保持归零心态、做永远的初学者。

# 敬畏之心，一如当初

## 一 潇

一潇，现主持江苏文艺广播《你好，我苏》节目。获江苏广播文艺奖一等奖，全省公益广告优秀作品一等奖，江苏广播"优秀主持人""新锐主持人"。

前段时间的一场活动，想找之前的一条领带，翻箱倒柜后终于得见。领带的纸盒子已经些许磨损，打开盒子拿出领带，看见一张熟悉又陌生的贴纸。

这是2017年参加"创意星主播"时留下的贴纸，猛然翻出，思绪万千。但是要是将这故事从头讲起，大概还要再向前回溯——那是2015年的夏天。

那一年我读大二，临近暑假，我躺在宿舍的床上，突然收到一条短信，"恭喜你进入江苏广播创意星主播大赛全国三十强……"当然，那一瞬间我心情十分激动，毕竟这个比赛结果已经让我颇惦念几天了。打电话向爸妈报了喜，立刻开始订票。几天过后，我忐忑地走进江苏广播的多功能厅。

那次比赛，真的收获很多，结交了来自全国各个院校的同伴，认识了江苏

▲ 2017年参加江苏广播创意星主播大赛的姓名贴

**薄一潇**
**天亮得越来越早啦**

2018年3月23日 05:44  删除

▲ 2018年上早班的一天发的朋友圈

广播优秀的主持人老师,也取得了全国一等奖的好名次。但是当时确实没有想过下一次再来这里会是什么时候呢?

答案是两年后。那一年我毕业了,再一次走进多功能厅多了几分熟悉,也多了几分紧张。又是接连几天的准备、训练、比赛,而当再一次站在领奖台上的时候,我在想,下一次再来这里会是什么时候呢?

答案是:很快。再一次坐在多功能厅,已经是新员工的身份。选手变成了员工,老师们变成了同事,饭票也变成了饭卡,我和江苏广播的故事就这样翻开新的一页。

人们爱用"情深似海"来形容那岁月沉淀下的情感,然而比起前辈们来说,我的回忆实在只算得上是一条浅浅溪流。可是溪水尚浅,却也有许多往事历历在目。

记得刚进台跟的是早上8点的节目,每天早上先是骑共享单车到地铁站,然后再转地铁到台里。结果那年冬天南京下了好大的雪,前一天的积雪还未消融,夜里又被冻上,第二天一早,去往地铁站的路根本就是一条冰雪滑道。共享单车是骑不了了,我只能再早起一些走到地铁站。其余的很多细节我已记不清晰,只记得踩着已经冻硬了的积雪,在冰面上小心翼翼行走的模样,一如那时拿着稿子一字一句准备的模样。

进台的第二年,我主持早上6点的一档节目。一年的早起让我知道了中山东路的路灯是什么时候熄灭,也让我知道了掐大腿真的可以自己迅速清醒过来,让我知道了周围哪些店的早餐很不错,也让我知道了下了节目去录音室录节目的时候一定要小心别睡着……

转眼间,在主持人这个岗位工作已经近5年的时间了。5年的时光对于前辈们来说,对于70岁的江苏人民广播电台来说,实在不算什么。可于我而言,却是无比饱满充实的一段岁月。

我不知道南京今年的冬天还会不会下雪,还会不会要小心翼翼地行走。但我每一次走进直播间、拿起稿件的那一瞬间,都始终保持敬畏,认真以待,就像第一次那样。

# 遇见美好的新文艺

武 豪

武豪，现主持江苏文艺广播《爱上国风》节目。获江苏广播文艺奖一等奖。

有人说：当爱好成为职业时，你将会失去爱好。也许，我是那个例外？不知不觉，与文艺广播从相识到融入已有四年。细细回想起来，我是何其幸运。

一切缘起于四年前夏天的惊鸿一瞥。我被公交站台上雨过天青色的巨幅海报所吸引，海报正中是一生一旦两张戏曲面孔。与他们目光相对，注视良久，怦然心动，这是专属于我和文艺广播的浪漫。而后自然是购票、观演，这是我第一次看中秋戏曲晚会，相看俨然，早难道好处相逢无一言……不过，此后我再也没机会坐在观众席观看江苏中秋戏曲晚会。

一年后的夏天，大三生活即将结束，我收到了江苏广电"传媒领跑"的招募讯息。没有任何迟疑，我写下了心中的第一志愿。面试结束，我惴惴不安地走出会议室，面试官却叫住了我："武豪，你喜欢戏曲，今年的戏曲晚会你也来帮忙吧！"

此后的每一年中秋佳节都变得意义非凡。"不到园林，怎知春色如许"，我迈进了这座大花园，这里有京、昆、锡、扬、淮等剧种花团锦簇，有最原汁原味的传统文化呈现，有跨界时尚的创新表达，也有江苏文艺工作者薪火相传、赓续奋进的感人场景。头脑风暴、

▲江苏中秋戏曲晚会的后台

武豪

我是幸运的。当爱好与我的职业水乳交融，愈发熠熠生辉。

演员对接、推广宣传，为了中秋戏曲晚会，虽然忙忙碌碌很辛苦，但我却总感到一切都那么美好！

我正式加盟文艺广播后，参与《听见我苏》《文艺大搜索》等节目的编播，跟着广播前辈们砥砺深耕不断学习。2022年春暖花开之际，我也终于拥有了第一档属于自己的全新节目《爱上国风》，这是对我这个酷爱传统文化的"国风少年"最大的激励。文艺广播部的领导胡骏、朱平凡、田青，和前辈导师们都在不断为年轻人积极创造展现自我、发挥特长的机会。

我在工作中尽享传统文化的雅致与妙趣，也满怀憧憬开启自己未来的事业。在日常节目当中去发掘和展现文艺作品里蕴含的传统文化精神内核，我还把文艺的种子通过电波播撒到更多地方，传统佳节、二十四节气，总有着独具匠心的现象级传播。

在民间传说中的百花生日——"花朝节"那天，数以万计的听众、游客齐聚莫愁湖畔共赏海棠，我也通过广播、社群向国风

▲ AI方言公益短片《姑苏琐记·懒画眉》剧照

爱好者们发出邀请，大家一同穿上最具特色的汉服，亦歌亦舞，风雅非常，看见自己当初的提案成为现实，我真的很幸福；重阳佳节，我们与听众共游明城墙，登高远眺、健步远行，我亲手为老年听众朋友们送上一份份重阳糕，大家欢声笑语，天淡云闲；我参与创作并出演了元宵、端午特别企划MV，在网络收获数百万的关注与好评；我还尝试了广播与AI的跨界联动，创作、参演AI方言公益短片《姑苏琐记·懒画眉》，学会了怎样把传统文化和创新传播融合付诸实践。此外，我还参与执行金陵相声大会、戏曲进校园、紫金文化艺术节报道、广播剧《梅兰芳》创作录制……这些，都一笔笔记录在属于我生命的"文艺日历"中。

于传统文化中遇见新文艺，我是幸运的，当爱好与我的职业水乳交融，愈发熠熠生辉。

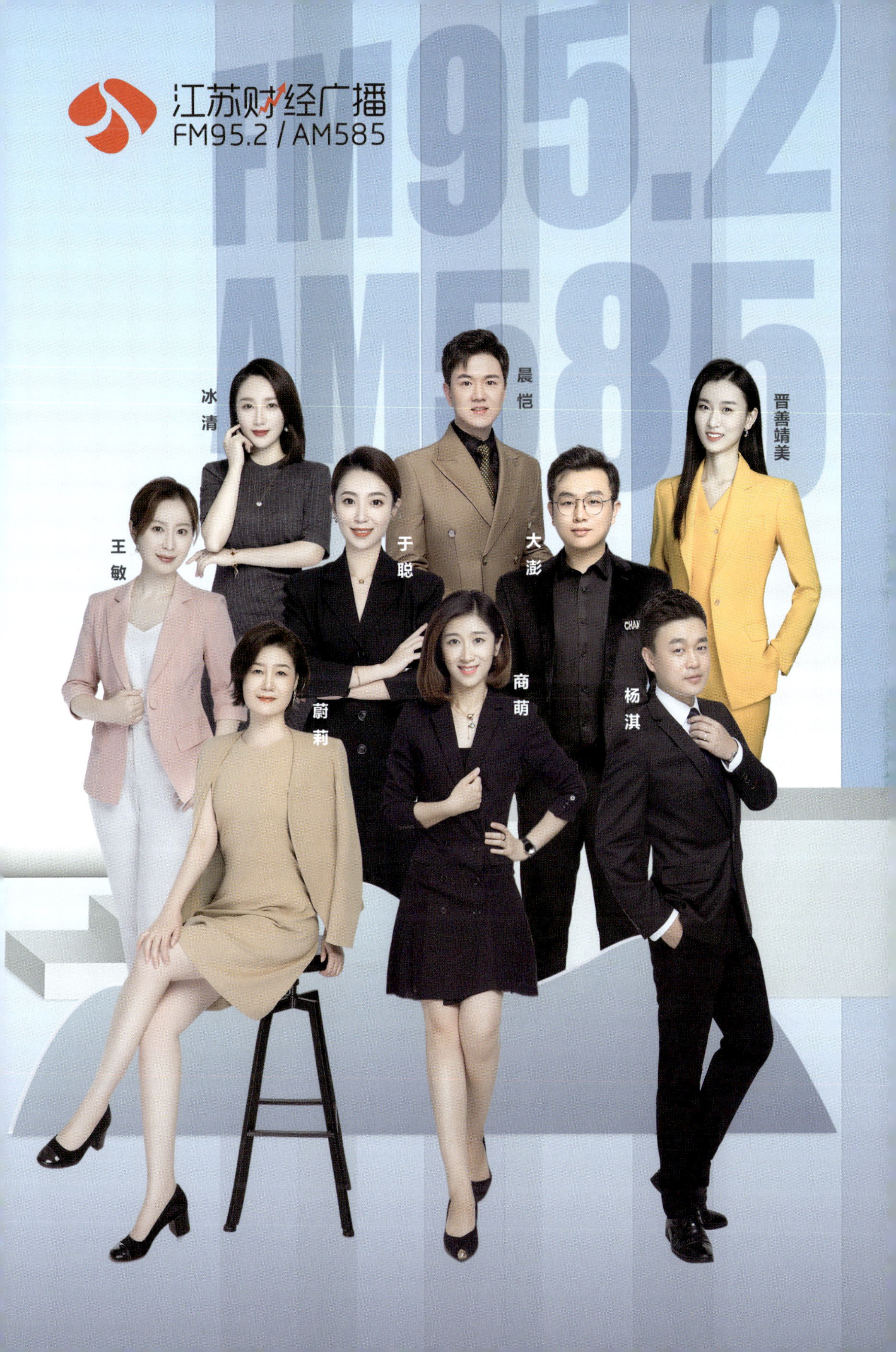
江苏财经广播
FM95.2 / AM585
FM95.2
AM585
冰清
晨恺
晋善靖美
王敏
于聪
大澎
蔚莉
商萌
杨淇

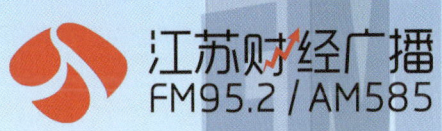

# 真情涌动，激励我们勇敢前行

## 沈 颖

沈颖，现主持江苏健康广播《名医坐堂》节目。获中国新闻奖等。中国健康促进与教育协会理事、健康江苏形象大使、江苏省卫生健康委特聘"和谐医患宣传大使"，江苏广电总台"银荔枝"奖主持人。

节目对于主持人意味着什么？一位前辈曾意味深长地对我说："节目就像是你的孩子，你需要精心呵护培育，当然，这也意味着会令你时时牵挂……"前辈是江苏广播《名医坐堂》节目的第一位制作人陶莎。1993年5月《名医坐堂》节目创播，是江苏上空最早的一档医学科普服务节目，当时陶莎老师担任主持，李兴宝老师担任编辑，二位老师对待节目一丝不苟、严谨认真，节目稿必定与嘉宾仔细打磨推敲，工整翔实，标点符号也不容有错。对待每一封听众来信和问题都极为耐心负责地回复。无论刮风下雨，每每节目结束，都要把嘉宾送至电台大门口，客气有礼，多年来，他们之间潜移默化生成了真挚笃厚的情谊。对于刚刚步入电台的我，那是一段宝贵而难忘的学习经历，广播人全情投入、吃苦耐劳、拼搏进取的精神品质深深印在我的心里。

2011年，我正式接过《名医坐堂》沉甸甸的接力棒，努力探索让节目继续绽放勃勃生机。融媒体时代的到来，《名医坐堂》也开启了全媒体传播方式。《名医坐堂·和沈颖E健康》通过广播与大蓝鲸APP视频同步播出，成为全网首档健康医疗服务融媒体节目。通过一系列大型新闻行动"江苏省名中医专访""江苏好医生、江苏好护士"等项目，形成视频、图集、漫画、H5、微信长图、图解等全媒体传播。此外，在部门领导的支持下，运用新媒体手段让"直播间"走出广电大院，来到医生们工作的真实场景中。在新生儿产房，我们见证了迎接新生命的喜悦，在高大上的"杂交（复合）手术室"，5G技术、手术机器人、远程医疗，让我们相信随着医疗科技飞速发展，更多疑难必将解决，门诊病房、急诊手术室、重症ICU……，听众网友"身临其境"了解真实的医

▲ "名医坐堂"进社区

院生活，学习医学知识，化解心中疑惑。

　　新冠疫情爆发，《名医坐堂》节目组和生活广播部的同事们奔赴救治一线、抗疫一线，将镜头、话筒对准医护人员和患者，记录下一幕幕难忘的情景。印象最深的是江苏首批援湖北医疗队出征武汉，我们率先前往省中西医结合医院的采访。瞒着父母和孩子出征的胡星星医生面对镜头红着眼圈神情坚定，他要告诉孩子："一个人不一定要干一件轰轰烈烈的大事，但是一定要把一件事做好，那就是你的工作。"话语中真情流淌，幻化成动力在心底升腾，激励我们勇往直前。采访中见证太多为坚守使命职责的无所畏惧，我们发起策划了全媒体产品"战疫家书"，得到了中广联合会全国兄弟媒体的广泛响应，一时间，抗疫天使与家人之间的真情告白响彻大江南北。

　　我们是历史的记录者、见证者、参与者，与时代同行。我们将一如既往地努力传播健康知识，倡导健康生活方式，助力"健康中国"国家战略，履行彰显专业健康媒体的责任担当。

▲ 融媒体直播

# 声音陪伴最好的时光

柳　笛

柳笛，现主持江苏健康广播《美丽夕阳》节目。获中国彩虹奖、全国对台广播优秀"播音奖"、江苏广电总台"十佳编导（编辑）"、江苏广播"十大名优节目"、最具"新媒体影响力"主持人。《美丽夕阳》节目获"全国敬老文明号"。

2018年，我与热心听友、收音机收藏爱好者陈清祖老师共同完成了一部关于"改革开放四十周年"——收音机的故事的专题片，在江苏广电总台城市频道播出。作为一名收音机爱好者，他40年来收藏了5000多台收音机。而我，通过收音机向听众传递声音也有30多年了，专题片拍摄时，初上电台的青涩，从录播转为直播时的磨炼，节目被认同时的喜悦，与听众相处的和乐等历历在目……幸运的是，我依然在这个岗位上奉献着，通过声音，将一个人的美好转移到另一个人的胸膛！

1999年，那年是国际老年人年，我和同事创办了《长青金钥匙》节目，着力于丰富老年人的精神生活，着力于为老年人提供养生、保健知识。同时把目光聚焦到空巢老人，希望通过节目传递公益的理念。2007年，节目升级为《美丽夕阳》，在我的职业生涯里，从事主持过新闻、音乐、文学以及经济类节目，老年节目占据了我大半职业生涯，也是我付出最多、感动最多的节目。

通过《美丽夕阳》节目这个平台，我和我的同事以中老年人为服务对象，以所有和中老年人相关的社会群体为收听主体，把江苏老年

▲《改革开放四十周年——收音机的故事》，柳笛（右一）在拍摄现场

# 柳笛

20多年用作我制作节目,是用情用心年见页的那些人们,用老看不倒气他岁月不精们,那的出走半生,归来仍是少年。

▲ 丹青不知岁月老——柳笛（右）和书画家们在笔会现场

人自己的正能量故事讲述出来，让更多中老年群体在文化、养生、趣味等方面有所收获，将最新最科学的生活方式和生活乐趣带给他们，对他们进行心理疏导，并引导更多社会力量，形成社会尊老养老的共识，服务于社会奉献社会。在《美丽夕阳》节目里，我接过一位89岁老婆婆打来的电话，指名要为"柳笛"唱一首歌："小燕子穿花衣，年年春天来这里。"婆婆唱得很慢，每个字都像打在我的心上，唱完歌后老婆婆说："谢谢你每天的陪伴，你就像我的孩子，每天这个点我都会来听，会为你守候。"听到这话，我泪眼朦胧。我将老婆婆的通话记录刻成CD，时常会拿出来听一听，质朴的话语却让我深深意识到自己工作的价值所在——声音陪伴最好的时光。

我以节目为平台，有效整合多种资源，积极做看得见的广播。和同事们一起打造了江苏首个老年文化艺术节、江苏省中老年趣味运动会、江苏省老年诗歌朗诵会、江苏省老年大学合唱节，时光与爱情——爱在漫漫人生路、同步新时代，智享夕阳红——江苏省"老年达人"运用智能技术大赛等众多大型活动，通过活动使节目更具核心价值、时代精神和现实意义。

当广播从听到"看"，我和他们的距离也越来越近。听他们讲时代的变迁，感受经过时间洗涤后沉淀的智慧，内心翻涌，他们并未老去，出走半生，归来仍是少年。

岁月悠长，回忆很多，感动常在。我会把《美丽夕阳》做到退休的那一天，和节目还有电波那端的听众一起慢慢变老。时间留不住，声音在流逝，但记忆与当时的那份悸动永不消散。

# 安琪

用真情服务赢得听众的真心认可,这是我和同事们心中不变的追求。

# 用真情服务换真心认可

安 琪

安琪，现主持江苏健康广播《健康总动员》节目。获江苏广播"十大优秀节目"，"科技江苏"年度科学传播人物；南京医学会科普分会委员会委员，国家健康管理师（三级／高级工）。

在江苏广播工作的第九个年头，2010年3月，我升职当"主任"啦！就职地就在江苏健康广播每天的《幸福社区》节目，在这个"社区"里，大事儿小事儿我啥都管，每天一个小时里，开设了"社区警务室""社区大喇叭""社区文艺站""社区公开栏"等栏目，聊聊邻里之间的家常事儿，尽心尽力为居民们办实事。

为了延伸广播服务触角，深耕基层社区资源，在2010年，江苏健康广播结合平台实际，从资源共享、优势互补、互助互建的原则出发，与全省近百家社区共同成立了"幸福社区联盟"，利用自身媒体优势，宣传社区党建工作、好人好事、特色活动等，弘扬社区文化和正能量，并联合社区策划开展丰富多彩的活动。我邀请了全省百余家社区主任来《幸福社区》节目做客。作为亲身参与者和经历者，那时我这个"主任"还要到社区基层进行各项工作走访，了解各社区的工作特点，百姓实际的需求。每天在电波里都有"安主任的社区值班室"，把社区里的所见所闻跟大家一起分享。

▲安琪接受热心听众送来的锦旗

▲ 社区义诊

在全省百余家社区支持下,在年末岁尾,我们都会举办"幸福社区百姓春晚",为居民们提供展示才艺的舞台。我清楚记得2014年的冬天,我和同事们把"幸福社区百姓春晚"带到南京市鼓楼区中央路街道新门口社区举办。活动结束后,新门口社区主任王卫平和社区群众特意送来了锦旗,上面写着"健康生活进社区百姓平安,广播活动掀高潮民心如琪"。在《幸福社区》里当"主任"的几年里,我不仅连续多年荣获江苏广播名优主持人的称号,还收到这面藏尾对联锦旗,让我备受感动和鼓舞,听众的认可给了我极大的鼓励。

2015年,党的十八届五中全会明确提出"推进健康中国建设"。这一年,我开始担任江苏健康广播早间《健康总动员》医疗服务节目主持人,在主持医疗节目期间,我还自学通过了"国家高级健康管理师"的资质考试。每当有听众在就诊导医方面向我求助时,我都会耐心地询问他们的饮食习惯、睡眠状况、是否运动、情绪如何,在了解了听众的情况后我会和医院专家进行咨询,给出就诊建议,并提示听众要养成健康自我管理的方式,提升自我的健康素养才能真正做到预防疾病。

听众王先生患有多年的慢性支气管炎,久治不愈,每年冬天都很难挨。2021年冬天,《安琪带你找专家》栏目中,江苏省第二中医院肺病科主任、学科带头人朱益敏主任介绍膏方治疗慢性支气管炎的内容,他听了之后立即向我们节目组求助,于是,我牵线搭桥,和王先生一起前往朱主任的门诊。三个月后,王先生特意打进节目热线,说今年冬天,他的身体明显好了很多,不再一受凉就咳嗽了……王先生的求助到解决,是我7年多来帮助众多患者的一个缩影,我们用真情服务得到了听众的真心认可,这是我和我的同事们心中不变的追求。

# 做主持人，也做"活动家"

南 燕

南燕，现主持江苏健康广播《天天养生》节目。获江苏广电总台"优秀编导（编辑）""优秀制作人"；节目获江苏广播"十大优秀节目"。

曾有听众问我，主持人在节目之外付出精力最多的工作是什么？我想了想，那一定是"做活动"。2001年，我加入江苏广播，2002年开始做主持人，至今二十年。早年活动不算多，近十年相当频繁，粗略估算，我策划、执行、参与的大大小小活动超过三百场，包括江苏广播的大型宣传活动、所在频率的创意推广活动、自己节目的听众见面活动等，从中总结出三"最"——最有挑战、最多意外、最具人气。

### 最有挑战的中医传播类活动

在江苏健康广播主持养生节目近十五年，中医类活动做了不少，一直很希望能折腾出新花样。2013年，我与中医萝卜会健康促进中心等公益组织共同策划"建康论坛——中医，我的爱"活动，汇集北京、上海、南京三地8位名医，面对1200名观众，效仿Ted演讲模式，每人20分钟，讲有趣的见闻，讲自己的经历，讲和中医结缘的故事。"建康论坛"这个名字我们起了很久，最后确定下来，是因为南

▲南燕主持"建康论坛"

# 南燕

做主持人，也做"活动家"，我乐在其中，更觉未来可期。

▲ 南燕、刘佳带队韩国大邱体检游

京古称"建康",还因为"建康"的谐音即是"健康"。整场论坛由我主持,深度参与所有流程、细节的敲定,在那一年3月17日完美呈现。初春,气温有点低,着裙装上台,所有人都问我冷不冷,我只想说,中医,我的爱!

## 最多意外的养生游活动

"意外"是指养生游带给听众的意外之喜。无论是南京近郊一日游,还是国内长寿村之旅,抑或是特色境外游,领导和同事们都会在线路、餐食、住宿上花心思,尽量多地融入健康元素,做出与市面上同类产品不一样的安排,宣传一出,听众觉得惊喜,自然是报名速度极快。例如,2015年4月,江苏健康广播推出"韩国大邱体检游",将体检与旅游观光结合起来,我和旅游节目主持人刘佳带着听众们做体检、逛韩国最大的药令市场、赏庆州古道樱花、品道地参鸡汤,还有听众在体检中及时发现疾病问题,得以尽早解决,听众因此特别感谢我们,之后更是积极参与我们组织的每一场重要活动。

## 最具人气的群众性文体活动

同心击鼓、复古慢骑、一掷千金、神笔马良、全力出击、百发百中……这些都是江苏健康广播举办的"江苏省中老年趣味运动会"上的比赛项目,数千名中老年人精神饱满、齐聚绿茵场,享受趣味竞技的快乐。这是江苏历年来规模最大、项目最多、参加范围最广的中老年运动会。2018年、2019年,我组织《天天养生》听众队伍参赛,听众们选队长、练口号、分项目、赛前训练,直说是找回了年轻时参加文体活动的感觉。自此,每年都有听众催促我组织队伍,"江苏省中老年趣味运动会"的人气可见一斑。

在江苏广播这二十年,做主持人,也做"活动家",我乐在其中,更觉未来可期。

# 蓝天

作为一个主持人,没有什么比听众喜欢你更重要!

# 我用话筒为幸福梦牵线搭桥

蓝 天

蓝天,现主持江苏健康广播《银色舞步》《幸福社区》节目。获江苏广播"十大优秀节目";"南京好人"、江苏省优秀志愿者;国家心理咨询师、国家运动康复师(高级)。

我是陪伴了听众朋友 27 年的老广播人蓝天,在我心中一直有这样的信念:作为一个主持人,没有什么比听众喜欢你更重要!

回顾主持生涯,《幸福社区》是我主持了十年以上的一档节目。作为一档贴近民生,关注百姓,实实在在为百姓解决实际问题的节目,我和同事们策划推出了"电波传爱心,梦想成真""幸福社区帮帮团"系列公益活动,通过大家帮大家,帮每个平凡的人圆自己的梦。感人的往事,至今记忆犹新——

李维奇，南京的一个患有脑瘫的忠实听友，在他20岁生日那天，我敲开了他的家门，圆了他的梦——生日那天换一台新的收音机。当我把生日礼物送给李维奇的时候，他突然跪在地上。他的母亲说："我们家维奇正是因为听了你的节目，这两年他变得越来越开心了，以前的他曾对生活失去了希望……"在主持帮忙类节目的时候，我一直秉持"感知百姓冷暖，致力扶贫救困，解决实际困难"的节目宗旨。在帮助解决个体的诉求与困扰时，展现好地方政府、街道社区不断改善人民生活的努力与付出。

2010年，我在江苏健康广播主持了一档19:00—20:00舞蹈健身类直播互动节目《银色舞步》。为了做好节目推广，我到南京的社区广场上去跳广场舞。在跳舞中和广场舞大妈们交流，并尝试在广场上播放我的节目。随着节目里的舞曲，跟着音乐舞动、跟着蓝天健身成为风靡南京街头的一道风景。热心听众周玉梅脊椎弯曲，以前走个十多米就要停下来休息。医生建议她多在家里面躺着静养。一次偶然的机会，她在家听到我主持的《银色舞步》节目，开始每天在家里跳舞，这一跳就是两年，脊椎也慢慢康复了，还成了舞蹈队的队长。

我和听友之间的很多事，都给我留下了难忘的回忆，年轻也好，老了也好，能够实现自己的梦想就是莫大的幸福！作为一名主持人，我始终坚守自己的信念：用话筒为幸福梦牵线搭桥！

▼ 带领粉丝们做运动

# 跟随财经广播成长的脚步

## 蔚 莉

蔚莉，现主持江苏财经广播《理财广场》节目。获全国百优广播节目主持人，首届江苏广电总台"十大杰出员工"。著有《理财好管家的理财妙招》等三部作品集。

1992年5月4日，江苏广播的第一套直播频率——江苏经济台正式开播。那天清晨，我坐在直播间，向全省的听众送上这个全新频率的第一声问候。

光阴荏苒，一晃整整三十年过去了。如今，我仍然每天都要端坐在话筒前侃侃而谈。不同的是，三十年前，我主持着一档早间新闻节目，作为入台才三四个月的新主持人，我的身后是资深的记者、编辑老师们的支持。即便如此，直播结束时才发现，自己的衬衫后襟早已被汗水浸透……而如今，我的节目聚焦财经、关注理财，在每个傍晚，把自己采访、编辑、梳理后的财经信息以最通俗的方式传递给广大听众。凭借自己敏锐的洞察力去倾听中国经济的脉搏，依靠自己的分析去感知投资市场的律动。关了话筒，气定神闲……

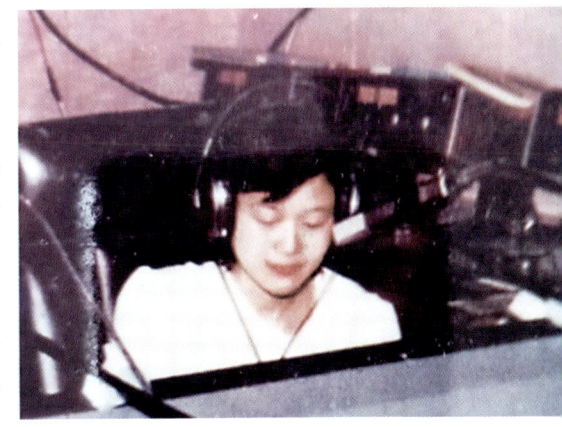
▲ 1992年5月4日江苏经济台试运行第一天，蔚莉主持早间新闻节目《江海晨光》

我的这三十年，经历了江苏经济台逐渐明确服务投资大众的专业化定位，转型成为江苏财经广播的全过程。

记得江苏经济台刚成立之初，有一个每天十分钟的财经栏目，关注股市行情。后来，节目内容渐趋丰富、时间逐渐增加，从每天半小时又扩展到1998年时的每天一小时，从一名主持人增加为两名主持人。而我，便是那个增加进来的主持人。再后来，更多同事加入财经报道的队伍，到2007年正式更名为江苏

# 蔚 莉

让声音照亮投资人生

▲ 江苏省第十届"华夏基金"杯"您身边的理财师"评选（基金模拟投资大赛）颁奖典礼。颁奖嘉宾为中全证券首席经济学家彭文生

财经广播之后，我们的财经节目已在股市、基金、理财、房产等领域遍地开花。

我开始主持财经节目的那一年，恰逢中国首批规范的证券投资基金募集成功，我于是也找到了自己的细分领域，成为国内最早一批关注证券投资基金的财经媒体人。

得益于领导的信任和支持，这二十多年来，我见证了中国基金业的发展壮大，目睹基金产品成为大众不可或缺的投资工具。我始终专注甚至痴迷地在这个领域深耕细作，我采访过数百位国内最优秀的基金经理，我的采访报道屡次被基金公司的官方微信转载。我策划组织的一年一度的"您身边的理财师"全省银行业理财师基金摸拟投资大赛已成功举办了十二届，成为省内金融行业中规模最大、最专业、最权威的赛事，每年有上万名的专业理财师通过大赛比拼实战水平，我的节目及微信对大赛的跟踪报道，传播基金投资的正确理念和方法，被理财师们广为传播。大赛大大提升了江苏广播在省内金融领域的影响力。不仅如此，这个赛事帮助各参赛银行培养并发掘了大批理论基础扎实且实战能力出色的专业理财师，而他们专业能力的提升，又惠及全省千百万的银行客户。

在几年前的一次比赛颁奖典礼的间隙，一位听众找到了我，讲述了他和我们节目结缘的故事：十几年前，大学毕业不久的他在南京图书馆遇到一位东南大学的老教授，两人很快成为忘年交。老教授向他推荐了我的节目，并说，一定会对他的投资有帮助。自此，他成了我的忠实听众，并在随后的投资中，让资产增长了十几倍。他最后的那句话令我终身难忘，同时也成为鞭策我继续前行的力量。他说："一点不夸张地说，您的节目照亮了我的投资人生。"

而我深知，那盏灯的背后，有着永不衰竭的电源，它来自江苏广播。

# 杨淇

我爱广播,也爱财经。幸运的是,这两件事我同时在做着。

# 热爱是做好一件事的开始

杨 淇

杨淇,现主持江苏财经广播《股市天天向上》节目。获江苏广播"优秀主持人"、江苏播音与主持作品一等奖。《财经杨淇》短视频全网粉丝三百万。

2014年,这一年,发生了两件事。A股开始起飞,我进入了江苏财经广播。这一年,我感受到了资本市场无与伦比的魅力,也更深地感受到了股民对广播的喜爱。

刚进台那一年,我第一次参加江苏财经广播主持人见面会,面对结束后久久不散的听众,看到他们拿着小本子围着主持人认真讨教的场面,我被震撼到了。没想到,和我一间办公室,就坐在我旁边的前辈,平时生活中低调少语,

▲ 杨淇与投资顾问融媒体直播

但是在舞台上,在听众中,在财经的加持下,那一刻,散发着耀眼的光。活动结束后,我问他:您太受听众喜欢了,怎么做到的?而他只是谦虚地说了一句:因为股市,因为财经,因为我和他们一样,都真心地喜欢。

那是我第一次领略财经的魅力,一个优秀主持人的影响力,这也为后来的我指明了努力的方向。

没多久,我就有了一档属于自己的股市节目。伴随着A股市场,一起成长。其间,经历了上涨、下跌、横盘。

有了自己的节目阵地,有了一群志同道合、支持喜欢我的听众朋友,便有了悲喜的相通,也就愈发理解前辈主持人和听众们的关系。

2019年,是我入台的第6年,我主持的节目《股市天天向上》越来越受到听众的信赖。我们一起泛舟秦淮河,聊投资理财,聊风花雪月;一起到浦口知青基地,追忆似水年华,感悟投资之道。江苏财经广播举办专业的财富学院——股民培训班,我邀请大家一起来上课培训,共同进步。

我还组织大家一起探访深圳证券交易所,到改革开放的最前沿去近距离接触上市公司,去了解中国经济的发展脉络。我在成长,我的听众朋友们也在进步。因为喜欢,我们都在努力,我是他们的一员,因为江苏财经广播这个平台,我站在了舞台的中间。

2020年,对财经的这份热爱在互联网的加持下,有了更多的志同道合者。这一年,我的短视频节目《财经杨淇》全网订阅量突破了300万。制作这档节目的初衷以及大家喜欢的原因,和我第一次参加听众见面会时的感悟是一样的:和听众们一样,我也真心喜欢财经。把喜欢的事做好,让同样喜欢这事儿的人喜欢上你,主持人就算成功了。

我爱广播,也爱财经。幸运的是,这两件事我同时在做着。

▲杨淇主持投资报告会

## "潮刘生活"下单吧!

### 刘 凯

刘凯,现主持江苏健康广播《开心会生活》节目。获中国广播电视大奖提名奖,江苏广电总台"融合传播杰出员工",江苏广播"优秀主持人""新锐主持人"。

在江苏人民广播电台70年的历程中,我有幸参与了最近的十分之一,在这七年的时光里,我一步一步跟随着传统媒体发展的脚步,见证了传播方式的改变以及受众喜好的更新;也跟随着江苏健康广播从固有的"中波印象",发展为全媒体领域新力军。

这七年,我一直主持着江苏健康广播早高峰节目《开心会生活》,从最初的相亲服务,到家居服务再到现在的资讯服务,变化的是主题,不变的是服务。目的只有一个,通过我的声音在广播中给听众带去更多有价值的内容。

在广播之外,我该如何提供服务价值,来充实服务的范围以及落实更多的服务点

▲直播带货

位?2020年直播带货兴起,敢于尝鲜的我,想要挑战带货主播的新角色。

第一次直播带货时,零星的观看人数,使我尴尬不已,我销售过农产品、家居用品、生鲜、快消、护肤美妆,每一款产品我都在认真准备材料,用自己最真切的方式为手机前的受众介绍,可销售额却不尽如人意。

"我觉得你的状态有问题,你不能拿你之前做广播的状态来带货,你应该放开自己!"

"你还需要想想,你最适合或者最感兴趣的是什么?"领导和同事们对我

# 刘凯

从收音机到手机,两个直播间的别样体验。

说道。

我一时间有些不知所措：广播主持人如何在网络直播中收放自如，如何用内容和故事留住"游客"，我应该给自己确定哪一个"垂类"？后来，我每天在家里对着镜子"搞推销"，通过直播行业大量数据对比分析和头部主播风格的研习，最终选择美妆护肤作为我的垂类。

美妆护肤与大健康紧密相连，符合我的频率定位。每每在广播节目中播读到"伪劣护肤品给身体带来伤害"的资讯，在感到愤懑的同时，我也更加坚定了要为受众打造"健康护肤，健康美妆"的决心。

"广播引流——直播销售，广播解读——直播展示"，我策划了这样的传播路径，在广播节目中设立了新单元"潮刘生活"，让听众可以通过收听广播节目了解到更多的护肤小知识，再从这些知识点植入匹配的产品，并预告直播带货时间和购买链接。渐渐地，我的节目从"单一可听"变为了"可听，可看，可买，可用"。我从最开始特殊节点的直播带货，变为每月一次，电商节也从不缺位。

2021年的"双十一"，从品牌的洽谈，到选品，到试用，再到互动福利，我策划了整套营销方案；从产品图的甄选，折扣力度，产品知识点，再到链接标题，我斟酌了每一个细节。这是我的背水之战，我想要在直播带货的红海里掀起属于我的浪花。

那一晚，我直播了5小时。当观看人数超2万人，我的兴奋度随之高涨，同事们也欢呼起来。后台的同事在实时地向品牌方汇报着销售额，当突破100万时候，整个直播间沸腾了。这是属于我的第一个100万，也是我新的起点。直播结束后的第二天，我收到了品牌方的邀约，"希望保持长期合作"。

行则将至，是我对职业生涯的期许；步履不停，是我人生的规划。现在我常常在想，未来的广播会是怎样的呢？我想我会跟着它的脚步，走好我的每一步。

# 申琪

从过去农民致富的好帮手到如今肩负乡村振兴的重任,我们接过前辈服务"三农"的接力棒,不辱使命,砥砺前行。

# 服务"三农"真心真情真意永不变

申 琪

> 申琪，现主持江苏健康广播《新鲜农村》《深爱美味》节目。获江苏省政府奖提名奖；全国旅游美食文化传播十大领军人物，江苏广电总台"优秀编辑"。

"社员同志们，你们好，这里是农村节目，我是胡小妹，我是戈弋……"这句开场白如今依然在50后、60后记忆中回响。"嗨，各位好，欢迎收听新鲜农村节目，我是申琪……"这句我说了20年的开场白，也陪伴着70后、80后甚至90后开启了他们投身农业创业的热情。尽管农村节目主持人在变，但真心真情真意服务"三农"情怀从未改变。

2012年，跟随女儿来到南京定居的北方人朱兆修，不经意听到我主持的《新鲜农村》节目，早年在农场的工作经历让他觉得这档节目格外亲切：江苏的农业是什么样？有哪些特色农产品？还有哪些农业新技术值得学习？带着职业的眼光，这位农艺师开启了和《新鲜农村》节目相伴的10年。每一天，他都在认真收听节目，用他爱人的话说："饭可以不吃，节目不能不听。"只要我一天没直播，他都会发信息给我："申琪，今天节目录播。"只要知道我出差在外，他都会给我留言："在外辛苦，注意身体。"像这样的听众还有很多很多，祖孙四代一起来参加我们线下活动的盱眙听众黄业坤、经常协助我管理听众微信群的如皋听众周桂银、时常给节目提宝贵意见和建议的解放军理工大学教授吴其同、在监狱里一直听节目出狱后第一时间来到节目组表示感谢的顾耀平等等，他们是节目的忠实听众，更是我坚强的后盾。

2021年，正值葡萄销售的季节，南京突发新冠肺炎疫情，果农心急如焚。节目组在南京市农业农村局指导下，与南京市农产品区域公用品牌"食礼秦淮"运营公司联手，火速推出——《助农抗疫、温暖有"宁"》公益团购助农活动。我和同事们深入各滞销基地走访了解真实情况：六合区汇喜家庭农场合作社有12万斤精品葡萄已经成熟迫切需要采摘销售、南京瑞润农业精心培育的7万斤丰水梨也开始大量上市……我和同事们加班加点制作了精美宣传海报和网络推文，一时间《助农抗疫、温暖有"宁"》公益活动刷爆朋友圈。8月10日，南京瑞润农业给节目组发来信息：丰水梨卖光了，感谢你们！

▲ 南京滨江开发区商会助农抗疫活动现场

涓涓细流汇成大海，多年的专业服务，节目逐渐形成了品牌效应，更赢得了江苏省农业农村厅的关注，我多次应省市农业主管部门之邀主持全省乃至全国农村创业创新项目创意大赛决赛。印象最深的是2020年，全国农村创业创新博览会在南京市溧水区召开，时任农业部部长的韩长赋受邀参加大会，省农业农村厅确定我为解说人选，当时我同时还要主持第五届全国农村创业创新项目创意大赛总决赛，几乎没有时间准备解说词，前一晚我来到博览会现场，根据现场情况，边整理解说词边一遍一遍反复排练直至深夜，第二天解说一气呵成，赢得了韩部长等领导的一致称赞，圆满完成任务。

杂交水稻之父袁隆平说："人就像一粒种子，要做一粒好种子。" 我就像那粒种子，在江苏广播这片土壤中生根、发芽，朝着做一粒好种子的方向不断努力生长……

# 将成长交给时间

朱 燕

朱燕,现主持江苏健康广播《天天向上》节目。获南京市五一创新能手;江苏省儿童青少年视力健康宣讲员;依托节目首创"江苏广播小记者团"。

"大家好,我是一名记者,今天我讲述的故事来自我的采访……"2021年,作为唯一的"编外"人士,我有幸参加了南京市教育局主办的南京教育好故事的比赛。这对一名教育条口的记者来说是一种荣耀,然而,这份肯定来之不易。

2016年6月,最初主持《天天向上》的几个月,我感觉自己更像是一名"侦探"。进入一个新的领域,一切从零开始。那段时间,每天一早,我就登录南京市教育局官方网站,翻看本地报纸,找出其中有意思的新闻,再通过114查询号码,就相关内容深度采访。由此,我和一批学校建立了初步联系。印象最深的是当时看到一条"玩转汉字"的新闻,我好奇汉字可以怎么"玩

▲ 2021年南京教育好故事比赛

转",便通过114查询到南京市教育局相关处室的电话,说明来意,对方向我介绍这是玄武区教师发展中心的一个语文教学研究项目,并表示可以接受邀请,走进直播室。那天的节目,直播室变身"玩转汉字"微课堂,通过老师的现场演示,项目负责老师介绍项目实施情况,让听众知道了快乐识字的理念和方法。

此后,由于和南京市教育局建立了联系,采访更为顺畅,《天天向上》节

# 朱燕

就算无法保证每一次出发都目标明确，也要昂首向前！

▲ 带领江苏广播小记者采访

目制作了《校长来了》《成长不烦恼》《班主任周记》等系列节目，其中，通过大蓝鲸APP新媒体平台中分享的就有400多期。

2021年《天天向上》节目成立了"江苏广播小记者团"。世界读书日街头采访，高考加油，对话"奋斗者号"主驾驶……这支小队伍每月会有一次主题采访。对这些只有10岁左右的孩子来说，独自完成采访并不容易。小记者陈勃为在南京图书馆门口的第一次采访，始终迈不开步，爸爸妈妈两个人轮番鼓励，他的小脸涨得通红，还是张不开嘴，后来一位热心的奶奶看出了他的窘迫，几乎是脸贴脸地凑上去主动"被采访"，帮他完成了任务。当天的采访心得中他这样写道："奶奶是我成功采访的第一个人，她让我有勇气去采访更多的人，下一次活动我一定会有所进步的！" 2021年高考前夕，小记者在东南大学门口采访，"穿着学士服的姐姐"说：高考是通往成功的捷径，考了一个好大学不一定代表着你就成功了，因为高考只是一个新的起点；"和爸爸同龄，在读博士的叔叔"说：学习之路必将辛苦漫长。学习没有捷径，要坚持不懈，克服困难——这些道理，也许家长已经跟孩子说了无数遍，而在特定的时间、特定的地点，由一些亲历者说出的时候，是那么有说服力。那一刻，我和孩子们都收获着成长的喜悦。

我原想收获一片绿叶，你却给了我整片森林。拨打114查询学校电话的时候，我不会想到，围绕教育我们可以开启那么丰富的节目分享；组建小记者队伍的时候，我也不会想到，我们会触碰到那么精彩的人和故事。很多时候，我们为什么出发？去向何方？可能会有些模糊，但是不要犹豫，只要勇敢地迈开第一步，就是成长，收获也会到来。

# 小月

青春陪伴话筒，声音铸造芳华

# 天天有戏，流金岁月

## 小 月

小月，现主持江苏健康广播《流金岁月》节目。获中国广播电视协会创优节目一、二等奖；江苏省、南京市剧协会员；南京梅兰芳京昆艺术研究会副秘书长。

时光，如白驹过隙；回忆，如大海潮涌。蓦然回首，数十年青春年华，竟然是每日与话筒相伴而行。

起初，我也是个聆听者，有一天我应邀踏进了这座广播大楼，一位前辈主持人程俊老师让我感受到了声音的魅力，她也成为我广播事业的引路人。在有了两年多的实践经验后，我被推荐到了当时的江苏新闻综合频率，从事《戏曲大观园》节目的采编播工作。

我从小喜欢戏曲艺术，幸运的是，此后我的职业生涯也和戏曲节目结缘。从《戏曲大观园》《黄金大戏院》，到《天天有戏》，再到《流金岁月》等等，多年的热爱与耕耘让我收获了更多的职业成长。

记得有一年采访戏剧梅花奖颁奖演出，只身跑到扬州，当时还很稚嫩的我"潜入"现场，找到德高望重的京剧名家尚长荣，老先生没因我这无名小卒而怠慢我，欣然接受了采访，让我感受到了江苏广播的社会影响力，也为我凭添勇气。后来又成功采访到那

▲粉墨登场，昆曲《牡丹亭》游园

一届的本土梅花奖获得者李政成、陈澄等，还有陕西秦腔的李小峰、河南豫剧的杨红霞，以及来自福建、四川等地的梅花奖获得者。全程的跟踪采访，让我很快跟演员们熟悉起来，在后台，他们聊着梨园圈的趣事，感叹着戏曲在现代生存的不易，表达着他们希望能得到更多关注和宣传的愿望，让我更加感受到

肩上的一份责任感。

在采访中，福建高甲戏的丑行戏让我大开眼界，河南省豫剧团的获奖演员杨红霞接受我的采访时，清唱《朝阳沟》的唱腔，让我感受到了豫剧的魅力。采访归来后，我将众多采访录音剪辑浓缩到创优专题节目《听梅——第21届"梅花奖"采风》中，最终获得中国广播电视协会创优节目二等奖。在广播前辈们的指导下，后来的创优专题节目《三国戏中话赤壁》《戏苑飞歌》《蝶恋花》等都取得了好成绩。

▲左：锡剧艺术家沈佩华；右：昆曲艺术家张继青

传承中华优秀传统文化是我的初心，多年来我始终坚守这个信念，兢兢业业地工作，通过广播这个声音舞台，将戏曲艺术的魅力传播得更远。因为在我心中，不仅有一份热爱，更有一份责任。时光流逝，如戏如歌，回首之时，所有的成长都仿佛变得显而易见。来到生活广播部后，我承担戏曲节目《天天有戏》和怀旧音乐节目《流金岁月》的编播工作，广播，给了我事业成长的平台，也给了我发挥兴趣爱好的舞台。这三尺播音台，值得我一辈子去坚守，我会更加努力，相信，在融媒体时代，我还有更多提升空间，去发挥去成长，去成为一个新时期复合型的新闻工作者。

▲戏曲名家李正华、王新农和部分听众

# 坚守初心,"一战到底"

## 正 坤

正坤,现主持江苏健康广播《快乐下班路之美食新煮意》节目。获中广联一等创优节目、广播10强栏目,江苏广播"新锐主持人"。

第一次听广播是什么时候,已不记得了,但我知道,距我第一次作为江苏广播的主持人上节目,已经过去了2467天。

那是2016年1月4日,当我独立面对"三尺播音台",对着话筒说出那句"我是主持人正坤"的时候,我既惊喜又敬畏。惊喜的是,我了当年的心愿——成为一名主持人;敬畏的则是这"小小的播音台"。作为广播传播的最后一环,不能出丝毫差错,要对得起信息传播过程中无数同仁的努力,更要对得起那些在话筒另一端期待的听众!

在江苏广播,我收到了许多听众的来信来电,那是2016年年中,我和晴子搭档主持一档益智广播节目——《健康一战到底》。在这档极具互动性的节目里,我第一次那么近距离地"看到"听众。我们绞尽脑汁地出"难题",希望

▲ 荣获2019年度江苏广播新锐主持人

# 正坤

敬畏中寻找价值传播，价值中彰显社会需求

可以"难住"听众，但又希望他们可以"一战到底"、拿走大奖。许多听众听后有感，通过信件电话，与我们有了深深的羁绊。

杨爷爷，初识的时候已经80多岁了，是一位忠实听众，在做《健康一战到底》期间，几乎是每个月都要给节目组寄一封信。那是有"重量"的、"沉甸甸"的信件，里面或有批评、建议、欣喜、随感，那信寄托的是听众对于节目的喜爱，也鼓舞着我们要做有价值的传播者。

如何做有价值的传播？2018年，我有幸加入了《名医坐堂》节目组，接触到了医疗领域。跟随着沈颖主任，我参与了许多主题报道，让我印象颇深的是2020年伊始，新冠疫情爆发月余之际，我去往禄口机场见证江苏援湖北黄石医疗队出发的景象。当我看着那一位位逆行的英雄相互勉励地说着"中国加油、湖北加油"的时候，当我听着繁华不在、旅客极少的机场候机室里传出"前往武汉的飞机马上就要起飞"的时候，我才明白，信息传递的方式千千万，但是传播的内容一定要有价值！

2020年医师节，《名医坐堂》节目组策划了"江苏好医生'战疫'故事特别节目"。本想邀请东南大学附属中大医院重症医学科主任杨毅教授来直播间，但她因在新疆助力"战疫"，只能在工作之余通过连线简短地分享心路历程。为什么简短？因为还要继续工作！问其辛苦吗？炎热的 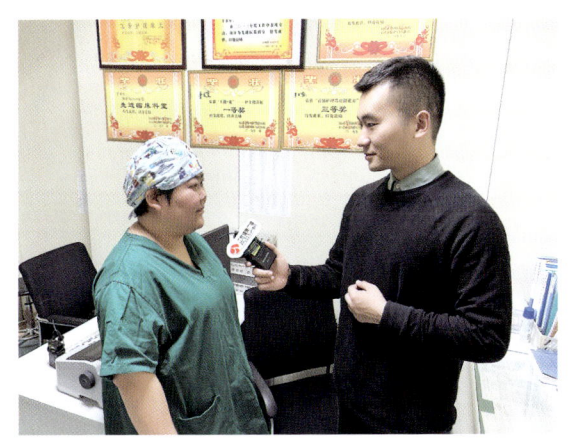 夏天，穿上防护服后还没看到病人就已浑身汗了！

杨毅教授从疫情之初就未曾休息，人们称她为"车轮上的'战疫'英雄"，而这位雅致温柔的女性，说到工作时总是轻描淡写，瘦小的身躯蕴含着巨大的能量。但她特别害怕患者或家属问她：会死吗？每当听到之后她总会跟家属说：你要再给我一点时间。其实我能够感受到她已经尽了自己最大的努力，但不得不面对残酷现实的时候，她是难过的、是心痛的。她说：ICU里发生的奇迹，都是医护人员在床边一个个"守"过来的。

这样的故事还有很多，我想，这就是价值传播凝聚在新闻传播事实中的社会需求吧！而我要做的则是时刻敬畏、更加勤勉、承担责任、坚守初心、一战到底！

# 李欣

呼应时代关切、彰显人文情怀，让老年群体自我认同，展现自己的生命热情。做好老年节目是一件意义非凡的事。

# 我是一位"老"主持人

李 欣

李欣，现主持江苏健康广播《美丽夕阳》节目，国家一级播音员。获江苏广播"新锐主持人"。

学生时代就迷恋那个小盒子里发出的各种美妙声音，那时便倾心于广播里清澈而有磁性的声音，曾经一个个夜晚都伴随着耳边的乐章入睡……

2015年7月，我如愿以偿，怀揣着主播梦踏进了江苏广播的大门。岁月如歌，已度过了7个春秋。从一开始前辈们口中的"小鲜肉"，到现在已摘掉了"新人"的光环。当初青涩懵懂的我，经历了一次次的大型活动、户外采访、直播节目等一系列洗礼，撕掉了"菜鸟"标签。还记得第一次直播时的手忙脚乱，第一次采访前的彻夜准备，第一次主持活动登台时手心里出的汗，太多的第一次让我对"主持人"这三个字有了真切的体会。当然，让我转变成为"老"主持人的故事还要从2020年说起。

2020年5月，我加入了《美丽夕阳》节目组，这档1999年开播的节目，至

▲第二届江苏省老年大学合唱节决赛现场

今有着23年历史了。身为90后去主持老年节目，我最初是忐忑的：我能为老年朋友做些什么？老年节目会不会枯燥乏味？很多问号在我脑海里徘徊。有同事说："年轻人去做老年节目不合适吧？"认为年轻人应该去主持充满青春朝气的节目。不过，也有同事说："老年群体庞大，你一定会有很多收获。"前辈们给了我诸多建议，为我出谋划策，指点迷津。柳笛老师开始主持《美丽夕阳》节目时，就是我如今的年纪，她说："这档节目很有魅力，慢慢地你就会被它吸引，每一位老人都是宝藏。"如今的我，深以为然。

▲ 江苏省第一届老年达人运用智能技术大赛现场

节目开播后，我结识了很多嘉宾，他们年轻时从事不同的行业，退休后拥有不同的爱好，但他们却都有着相同的目标——让生活快乐充实有意义。很多嘉宾的故事令人动容，南京建邺空竹协会秘书长王兰絮在爱上了抖空竹之后，走出失去爱人的阴霾，收获了健康；南京吆喝非遗传承人赵爱民走在南京的大街小巷，做着文化传播者；护工画家赵建春在生活并不富裕的情况下，依然坚持画画，他说："画画时，我能忘掉一切烦恼，这一刻我是属于我自己的。"赵建春在接受采访前一度是拒绝的，他很少在人前表达自己，用他自己的话说就是"嘴笨"。推荐他接受采访的是原《江苏工人报》的记者汤雅洪，汤老师这样劝他："主持人李欣就像是邻家小妹妹一样，给人如沐春风的感觉，就像是在话家常。"就这样，我第一次了解了听众眼中的自己。

有人问：你是如何融入老年群体的？"不忘来时路，更知父母恩。"作为晚辈，我会把老人当作家人，看到他们会时常想起我的父母，也就不难与其交心了。节目中，我会尽力对老人们青春岁月的奋斗故事进行挖掘，同时也关注其当下的生活，设身处地去了解他们的所想所需。

两年多的时间，深感每位老人都是一本厚厚的书，他们历经千帆后，笑看云卷云舒。如今，在主持《美丽夕阳》时，始终有一股强大的共情力和驱动力伴随着我。我能为老人做的，就是更多记录下那些属于他们的历久弥新的故事，更多地唤起他们对未来生活的向往。未来，我更要尽我所能为老人服务，我很荣幸，我是一个陪伴他们的"老"主持人。

# 《西祠堂巷8号》编写组

(按姓氏笔画为序排列)

王卫刚　王海荣　刘　佳　刘福瀛　朱　莅
朱平凡　孙　倩　孙　锴　李　清　李　强
李晓丹　宋丽丽　张　云　陈　婷　周　秋
周　胄　胡　骏　俞云峰　徐文荣　曹　坚
黄烈铭　景安明　曾　婧

江苏广播迎来了70华诞。70年来，我们用声音记录了时代的山高水长，共振了听众的心灵成长。

基于千万听众通过"一言一语化成歌"活动的留言，江苏省广电总台音乐创作人、2015全国十佳DJ大赛亚军唐炜，紧扣"相伴"和"倾听"关键词，创作了满溢情感的主题歌曲《耳畔》。

著名音乐制作人曲世聪，六易其稿，把歌曲中"不负山海，点亮前路勇敢前行"的无畏宣言，以充满律动的鼓点和轻摇滚的曲风展现得淋漓尽致。

演唱过《快乐老家》等经典歌曲的著名歌手陈明，是电台排行榜的常客，现在做着自己的音乐电台，更曾经是江苏广播的特邀DJ。她温暖、宽广的声音，特别契合江苏广播70华诞的气质，欣然演唱主题歌。

《耳畔》诞生的前前后后，是一次饱含情感的创作。既有主创团队对江苏广播的情感，更有展示广播与听众之间默契的情感。

语言的尽头让音乐说话。现在，让《耳畔》响起在你的耳畔。

# 《耳畔》

记得那一天
我来到你耳边
注定这缘分
让我们相伴到今天

后来每一天
我围绕在你身边
时光成了线
让彼此的成长相连

你说谢谢
陪你度过那些花开叶落四季更迭
我说谢谢
有一种倾听叫默默相守不分昼夜

听 相同的频率
我们共振出最美的声音
时光流转 幻化成曼妙的风铃
听 空中的梦想
像宇宙中最耀眼的繁星
不负山海 点亮前路勇敢前行

THE EARS

总监制： 周斌
监制： 大卫
策划： 李强

演唱： 陈明
曲： 唐炜
词： 唐炜
制作人： 曲世聪
编曲： 曲世聪、宋涛

键盘： 宋涛
吉他： 薛峰
贝斯： 韩阳
鼓： 武勇恒
和声： 李郡洲、路默依、周甜
人声编辑： 孙炜祁、孙伟楷

录音师： 王辰
录音棚： shicong fatnunu
混音师： 王辰
混音棚： shicong fatnunu

欢迎扫码收听

# 新广播　新视听

拓展媒体新生态　创造品牌新价值

- 在线收听
- 节目互动
- 海量音频
- 视频直播
- 主播社区
- 活动专区
- 车机应用
- 实时路况
- 电商购物

大蓝鲸 App

江苏省广播电视总台 音频客户端

扫码下载大蓝鲸